LAS 4 ETAPAS DE LA SEGURIDAD PSICOLÓGICA

Timothy R. Clark

Las 4 etapas de la seguridad psicológica

El camino de la innovación
a través de la inclusión

EMPRESA ACTIVA

Argentina – Chile – Colombia – España
Estados Unidos – México – Perú – Uruguay

Título original: *4 Stages of Psychological Safety*
Editor original: HarperCollins Leadership
Traductor: Mario Úbeda Bilbao

1.ª edición Enero 2023

Copyright © 2020 *by* Timothy R. Clark
Published by arrangement with HarperCollins Leadership,
a division of HarperCollins Focus, LLC.
All Rights Reserved
© 2023 *by* Ediciones Urano, S.A.U.
Plaza de los Reyes Magos, 8, piso 1.º C y D – 28007 Madrid
www.empresaactiva.com
www.edicionesurano.com

ISBN: 978-84-16997-72-5
E-ISBN: 978-84-19413-75-8
Depósito legal: B-20.492-2022

Fotocomposición: Ediciones Urano, S.A.U.
Impreso por Romanyà Valls, S.A. – Verdaguer, 1 – 08786 Capellades (Barcelona)

Impreso en España – *Printed in Spain*

Para Tracey

Índice

Prefacio

Este libro propone una teoría de la interacción humana. Permíteme explicarte el contexto. Hace varios años, mi mujer, Tracey, y yo volvimos a Estados Unidos desde Inglaterra cuando estaba a punto de terminar un doctorado en Ciencias Sociales en la Universidad de Oxford. Ya no viviríamos solo de las ofertas del supermercado. Conseguiría un empleo, trabajaría durante un año, terminaría mi disertación, enseñaría en una universidad y viviría feliz para siempre. Ese era el plan.

Esto es lo que realmente sucedió. Salí de la torre de marfil para entrar en el reino arenoso y sudoroso de una planta siderúrgica. Construida por la US Steel Corporation durante la Segunda Guerra Mundial, Geneva Steel era la última acería totalmente integrada al oeste del río Misisipi, una enorme masa de maquinaria repartida en $6,88 \text{ km}^2$, el equivalente industrial del Vaticano, un enclave autónomo dentro de una metrópolis más grande, con sus propios trenes, estación de bomberos, hospital y una imponente catedral de altos hornos. La planta fabricaba planchas, chapas y tubos de acero que se utilizaban para hacer todo tipo de cosas, desde puentes hasta excavadoras. Con mi simpatía por la clase obrera, pensé que sabía en qué me metía. No tenía ni idea. [1]

Preguntas clave: ¿Alguna vez te han dejado caer en un entorno completamente extraño? ¿Sospechaste de la gente que vivía ahí? ¿Qué prejuicios o preconceptos has aportado?

Este era otro mundo. Me encontré trabajando con soldadores endurecidos por los turnos de trabajo y los despidos, carretilleros, instaladores de tuberías y operadores de grúas. Estas sombras bajo los cascos se convirtieron en mis amigos, pero no había nada de romántico en este lugar de trabajo, donde se resoplaba y se molía. El taller era un escenario de alto riesgo, sin margen de error, donde la precisión importaba y las suposiciones podían matar. Con miles de procedimientos de seguridad en el trabajo para regular cada tarea en cada operación, nada se dejaba al azar. Predicaban la seguridad tan incesantemente que era fácil dejar de creer.

Entonces llegó el fatídico día. Un trabajador de mantenimiento fue aplastado bajo una carga de dieciséis toneladas de *pellets* de mineral de hierro. Murió al instante. Me pregunté qué agonía se apoderaría de la familia del hombre. Ese mismo día, me encargaron que acompañara al director general a dar la terrible noticia. Más tarde nos enteramos de que esta tragedia fue el resultado de la infracción de las normas de seguridad por parte de varios empleados. En los días siguientes, la seguridad se convertiría en mi obsesión, pero no de la manera que se podría pensar. Llegaría a aprender que la seguridad psicológica es la base de la inclusión y el rendimiento del equipo y la clave para crear una cultura innovadora.

Con mi título en la mano, llegó el momento de dejar la fábrica y cambiar el casco y las botas de punta de acero por el *tweed*, la tiza y el aula. Entonces ocurrió algo inesperado: el director general me pidió que me convirtiera en el director de la planta. Ahora me enfrentaba a una decisión inusual: adaptarme a la vida tranquila de un académico o dirigir un equipo de 2500 empleados trabajando en las entrañas de una bestia industrial. Tracey y yo decidimos aceptar la oferta. ¿Por qué? Porque representaba una oportunidad única de estudiar el comportamiento humano en un entorno singular como observador participante. La experiencia me empujaría a un tutorial del mundo real y pondría en tela de juicio la elegante teoría que había aprendido en Oxford.

En mi primer día como director de planta, llamé para acordar la reunión matutina de operaciones y me encontré cara a cara con la cultura local. Un silencio estoico se apoderó de la sala mientras miraba las caras de veinte superintendentes, muchos de los cuales tenían la edad de mi padre. Ahora respondían ante mí.

Habían sido profundamente socializados para autocensurarse, constreñidos por la deferencia al poder posicional y una adhesión servil a la cadena de mando. El poder importaba. Y estos hombres (y todos eran hombres) entendían dónde estaba el poder. Estaba en mí. A pesar de mi juventud e inexperiencia, rendirían obediencia a esa fuente de poder. De hecho, yo era ahora el centro de mando, la torre de control, el macho alfa. Tenía lo que el sociólogo C. Wright Mills llamaba «el máximo de lo que puede tenerse».[2] La experiencia había enseñado a estos directivos que era emocional, política, social y económicamente costoso decir lo que realmente pensaban, así que sonreían y asentían cortésmente.

Preguntas clave: ¿Has estado alguna vez en una posición de poder? ¿Has estado alguna vez en una posición sin poder? ¿Tener poder o no tenerlo ha cambiado tu comportamiento?

Habitar este fértil escenario para el estudio de campo era el sueño de cualquier científico social. Lo que observaba pedía a gritos una interpretación. Pero tenía que ser más que un observador; tenía que ser un reformador. Para mejorar el rendimiento de la empresa necesitábamos una transformación. La vieja y cansada planta luchaba por competir con las minifábricas que habían alterado la industria y dominaban el mercado. Para aumentar la producción y el rendimiento, teníamos que abandonar las reglas de la fuerza bruta y despojar a la gente de su culto a la autoridad coercitiva y su inclinación a inducir el miedo mediante la intimidación. Había que limpiar toda la compañía de su modelo de gobierno autoritario ligado al estatus. Neutralizar el lugar o morir en la próxima recesión.

Las organizaciones comerciales sobreviven manteniendo una ventaja competitiva, lo que en última instancia significa incubar la innovación. Si se observa con atención, se verá que la innovación es casi siempre un proceso de colaboración y casi nunca un momento de genialidad solitaria. Como dijo el historiador Robert Conquest: «Lo que es fácil de entender puede no haber sido fácil de pensar».[3] La innovación nunca es fácil de pensar. Requiere una abrasión creativa y una disensión constructiva, procesos que se basan en una alta fricción intelectual y una baja fricción social.[4]

La mayoría de los líderes no comprenden que la gestión de estas dos categorías de fricción para crear un ecosistema de valiente colaboración está en el corazón del liderazgo como disciplina aplicada. Es quizás la máxima prueba de un líder y un reflejo directo del carácter personal (figura 1). Sin habilidad, integridad y respeto por las personas no se consigue. Tampoco se puede conseguir con ventajas como futbolines, comidas gratuitas, un entorno de oficina abierto y la estética de una empresa moderna.

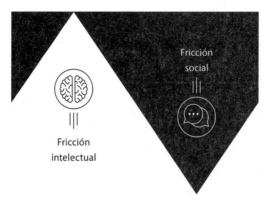

Figura 1. Aumento de la fricción intelectual, disminución de la fricción social.

Concepto clave: La tarea del líder es aumentar la fricción intelectual y disminuir la fricción social simultáneamente.

Fui testigo del patrón opuesto, reflejado en la ausencia de lo que llamamos seguridad psicológica. No tardé en darme cuenta de que mi gestión significaba proteger a las personas no solo físicamente, sino también psicológicamente. Como aprendí de primera mano, la ausencia de seguridad física puede provocar lesiones o la muerte, pero la ausencia de seguridad psicológica puede infligir heridas emocionales devastadoras, neutralizar el rendimiento, paralizar el potencial y destruir el sentido de autoestima de una persona. La consecuencia de eso es que las organizaciones que carecen de seguridad psicológica y compiten en mercados muy dinámicos van de cabeza hacia la extinción.

Una de las primeras cosas que se aprenden sobre el liderazgo es que el contexto social y cultural influye profundamente en el comportamiento de las personas y que tú, como líder, eres directamente responsable de ese contexto. La otra cosa que se aprende es que el miedo es el enemigo: congela la iniciativa, frena la creatividad, produce conformidad en lugar de compromiso y reprime lo que de otro modo sería una explosión de innovación.

Principio clave: La presencia del miedo en una organización es el primer signo de un liderazgo débil.

Si puedes desterrar el miedo, instaurar una verdadera capacidad de rendir cuentas basada en el rendimiento, y crear un entorno propicio que permita a las personas ser vulnerables mientras aprenden y crecen, rendirán más allá de tus expectativas y de las suyas.

Preguntas clave: ¿Has formado parte alguna vez de una empresa dominada por el miedo? ¿Cómo respondiste? ¿Cómo respondieron otras personas?

Mi análisis etnográfico informal como director de planta en Geneva Steel duró cinco años. Esa experiencia determinante me llevó a comprender por qué algunas empresas liberan el potencial de los individuos y otras no. Durante los últimos veinticinco años he sido un antropólogo cultural en activo y un estudiante de seguridad psicológica, aprendiendo de líderes y equipos de todos los sectores de la sociedad.

He descubierto que la seguridad psicológica sigue una progresión basada en la secuencia natural de las necesidades humanas (figura 2). En primer lugar, los seres humanos quieren ser incluidos. En segundo lugar, quieren aprender. En tercer lugar, quieren contribuir. Y, por último, quieren desafiar el *statu quo* cuando creen que las cosas deben cambiar. Este patrón es consistente en todas las empresas y unidades sociales.

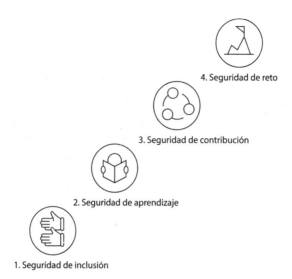

4. Seguridad de reto

3. Seguridad de contribución

2. Seguridad de aprendizaje

1. Seguridad de inclusión

Figura 2. Las 4 etapas de la seguridad psicológica.

Concepto clave: La seguridad psicológica es una condición en la que te sientes (1) incluido, (2) seguro para aprender, (3) seguro para contribuir, y (4) seguro para retar o desafiar el *statu quo*, sin miedo a ser avergonzado, marginado o castigado de alguna manera.

Todos los seres humanos tienen la misma necesidad innata: ansiamos pertenecer a algo. Como escribió un vagabundo en un trozo de cartón andrajoso: «Ser majo no cuesta trabajo». No hace mucho, mi sarcástica hija adolescente, Mary, fue a un partido de baloncesto del instituto y llevó una pancarta que revelaba una verdad penetrante: «¡Solo estoy aquí para no perder amigos!». Aunque anhelamos pertenecer a algo, vemos una interacción humana disfuncional dondequiera que miremos.

Este libro aborda la interacción humana disfuncional. Me dirijo principalmente a los líderes empresariales, pero mi mensaje se aplica a cualquier unidad social. Quiero arrojar luz sobre cómo nos relacionamos, descifrar la ciencia del silencio y explorar lo que hace falta para liberar nuestras voces y conectar de forma más eficaz. En concreto, quiero compartir contigo lo que he aprendido sobre el modo en que la seguridad psicológica influye en el comportamiento, el rendimiento y la felicidad. ¿Cuál es el mecanismo? ¿Cómo lo activamos o desactivamos?

Me dedico al reconocimiento de patrones. Cuando se trata de la forma de interactuar de las personas, los patrones son inconfundibles y el reto es universal. Lo que tengo que decir es tanto empírico como normativo. No me disculpo por combinar observaciones frías y desapasionadas con súplicas cálidas y apasionadas, porque el caso práctico, el trabajo que hay que realizar, es ofrecer orientación útil. Compartiré ejemplos de la vida laboral, la escuela y el hogar, basándome en gran medida en mi propia experiencia porque lo que tengo aprendido en casa refleja lo que he aprendido en las empresas.

> **Pregunta clave**: ¿Te has dado cuenta de que la vida familiar es casi siempre el lugar más difícil en el que ser ejemplar y aplicar los principios correctos de la interacción humana?

A veces somos nobles y buenos con los demás, otras somos criminalmente irresponsables. Nuestro historial como especie es, en su mayor parte, una historia escalofriante, un desfile de guerras y una crónica de conquistas. Maya Angelou ha expresado el lamentable pasado como pocas voces literarias pueden hacerlo: «A lo largo de nuestra nerviosa historia, hemos construido torres piramidales del mal, a menudo en nombre del bien. Nuestra codicia, nuestro miedo y nuestra lujuria nos han permitido asesinar a nuestros poetas, que somos nosotros mismos, castigar a nuestros sacerdotes, que somos nosotros mismos. Las listas de nuestras subversiones del bien se extienden desde antes de la historia registrada hasta este momento».[5]

¿Por qué, después de miles de años, estamos tecnológicamente avanzados y seguimos siendo sociológicamente primitivos?

Como criaturas sociales, actuamos como electrones libres, demostrando tanto conexión como contención. Es cierto que nos necesitamos los unos a los otros para prosperar. Sin embargo, a pesar de saberlo, sufrimos indiferencia emocional, estamos perjudicados por nuestros puntos ciegos y retrocedemos crónicamente a la media. Pasamos por ciclos de acogernos y evitarnos los unos a los otros. De hecho, el estudio de los seres humanos en entornos sociales es en gran medida el estudio de la exclusión y el miedo. Por ejemplo, apenas un tercio de los trabajadores estadounidenses creen que sus opiniones cuentan.[6]

Preguntas clave: ¿Te sientes incluido y escuchado en el trabajo? ¿Y en la escuela? ¿Y en casa?

A pesar de que nuestras historias de vida son únicas, compartimos experiencias comunes. Todos hemos sentido el dolor del rechazo y el reproche. Al mismo tiempo, todos hemos excluido y segregado, manipulado y controlado, privado y menospreciado o hemos sido amables y luego antipáticos. Todos hemos trazado líneas raciales, sociales u otras demográficas o psicográficas y hemos hecho juicios injustos sobre los demás y los hemos tratado mal. Sabemos algo sobre la marginalidad porque todos hemos sido marginados. Podemos ser benévolos, compasivos y amables. También podemos ser, como dijo el poeta del Renacimiento de Harlem Langston Hughes, «apestosos, despreciables y mezquinos».[7]

Tenemos tendencias constructivas y destructivas. A veces nos clasificamos unos a otros como yo clasificaba a las mariposas en cuarto de primaria. Invitamos y retiramos invitaciones, incluimos y excluimos, escuchamos e ignoramos, curamos y abusamos, santificamos y marcamos. Amamos y odiamos nuestra diversidad.

> **Preguntas clave:** ¿Excluyes, manipulas o tratas mal a alguien? ¿Hay algún área de tu vida en la que estés siendo «apestoso, despreciable y mezquino»?

Nunca he conocido a un ser humano infalible. Tampoco he conocido a un padre, profesor o entrenador perfecto. Cada uno es un trabajo en progreso, un aprendiz de la grandeza. Todos estamos rotos, dañados, heridos y somos culpables y, sin embargo, poseemos dones increíbles.

Es una noción idealizada pensar que podemos desacoplarnos de la sociedad y vivir deliberadamente en aislamiento. La alternativa monástica y enclaustrada nunca funciona, y la realidad virtual es una burbuja de indulgencia. La verdad es que estamos integrados, implicados, vinculados y formados por los demás. Hannah Arendt observó sabiamente: «El mundo yace entre las personas y este estar en el medio es hoy el objeto de la mayor preocupación y del trastorno más obvio en casi todos los países del globo».[8]

Ábrete paso a ti mismo

Por favor, no leas este libro para informarte. Léelo para actuar. Léelo para cambiar. Ábrete y mira en tu interior. Este es el momento de resumir el valor de realizar un inventario personal inquisitivo y sin miedo. Y si por casualidad diriges una familia, un equipo o una organización, haz un examen de conciencia institucional mientras lo haces.

Tengo cuatro preguntas que hacerte:

- En primer lugar, ¿crees de verdad que todos los hombres y mujeres han sido creados iguales y aceptas a los demás y los acoges en tu sociedad simplemente porque son de carne y hueso, aunque sus valores difieran de los tuyos?
- En segundo lugar, sin prejuicios ni discriminación, ¿animas a los demás a aprender y crecer y les apoyas en ese proceso incluso cuando les falta confianza o cometen errores?
- En tercer lugar, ¿concedes a los demás la máxima autonomía para que contribuyan a su manera a medida que demuestran su capacidad para obtener resultados?
- En cuarto lugar, ¿invitas sistemáticamente a los demás a cuestionar el *statu quo* para mejorar las cosas y estás personalmente preparado para equivocarte basándote en la humildad y la mentalidad de aprendizaje que has desarrollado?

Estas cuatro preguntas coinciden con las cuatro etapas de la seguridad psicológica. En gran medida, la forma en que respondas a estas preguntas definirá la manera en que valoras a los seres humanos y tus relaciones con ellos. Definirá la forma en que atraes a las personas o las apartas, creas confianza o induces miedo, alientas o desalientas. Determinará la forma de liderar e influir en los demás.

El filósofo Thomas Hobbes dijo que existe «una inclinación general de toda la humanidad, un perpetuo e inquieto deseo de poder tras poder, que solo cesa con la muerte».[9] Ese afán de poder, riqueza y engrandecimiento va en contra del florecimiento humano porque estamos conectados, no encerrados en nosotros mismos. Como dijo el antiguo arzobispo de Canterbury, Rowan Williams, «nos curamos con la relación, no con el aislamiento».[10] Trazar líneas de exclusión no está arraigado a nuestra biología. Es la adoración del poder y la distinción, la inseguridad y el egoísmo ordinario lo que nos lleva a dividirnos. Como seres humanos, buscamos vínculos leales a los que apegarnos. De nuestros apegos surgen nuestras diferencias. De nuestras diferencias surgen nuestras divisiones. De nuestras divisiones surgen nuestras clases, rangos y puestos. Y es en esos espacios entre nosotros donde comienzan las comparaciones, desaparece la empatía, surge el miedo y la envidia, surgen los conflictos, se gestan los antagonismos, surgen los instintos destructivos y los impulsos de abuso y crueldad. En el espíritu de nuestro fanatismo inventamos dogmas para justificar las formas en que nos atormentamos unos a otros. Irónicamente, en nuestra era digital, nos conectamos y nos sentimos solos, nos comparamos y nos sentimos inadecuados.[11] De hecho, si tienes una repentina necesidad de sentirte «menos que alguien», pasa una hora en tu plataforma de redes sociales favorita.

Concepto clave: Cuando se compara y compite, se pierde la capacidad de conectar.

Pregunta clave: ¿Hay algún aspecto de tu vida en el que estés perdiendo la capacidad de conectar al hacer comparaciones inútiles o destructivas con los demás?

Aunque podemos portarnos mal con nuestros amigos, también podemos ser como lluvia fresca sobre tierra quemada: cuidadores, sanadores y buenos vecinos. Somos capaces de una compasión, una generosidad y un servicio desinteresado impresionantes. No estoy abogando por el heroísmo y las grandes expresiones de autosacrificio. No, mi encargo es, en el sentido más básico, tratar a los seres humanos como merecen ser tratados, sin distinciones arbitrarias. Acéptalos, anímalos, respétalos y dales permiso. Si quieres ser feliz, llega a un acuerdo con tus semejantes. Deja de fingir superioridad. Deja de alimentar los males y empieza a tender la mano. Muchos de nosotros vivimos muy por debajo de nuestros privilegios, encerrados en lo que W. B. Yeats llamó la «sucia compraventa de trapos y huesos del corazón».[12] Si puedes crear un poco más de seguridad psicológica para tus compañeros de viaje, cambiará tu vida y la suya. Te invito a cambiar. Cambia tu forma de ver y tratar a la humanidad. El viaje al que te llevo creará tanto alegría como dolor. Nunca estamos preparados para ello, así que la verdadera pregunta es: ¿estás dispuesto?

La verdadera frontera de la modernidad no es la inteligencia artificial; es la inteligencia emocional y la social. Déjame mostrarte por qué.

CONCEPTOS CLAVE

- La tarea del líder es aumentar la fricción intelectual y disminuir la fricción social simultáneamente.

- La presencia del miedo en una organización es el primer signo de un liderazgo débil.
- La seguridad psicológica es una condición en la que te sientes (1) incluido, (2) seguro para aprender, (3) seguro para contribuir y (4) seguro para desafiar el *statu quo*, todo ello sin miedo a ser avergonzado, marginado o castigado de alguna manera.
- Cuando se compara y compite, se pierde la capacidad de conectar.

PREGUNTAS CLAVE

- ¿Alguna vez te han dejado caer en un entorno completamente extraño? ¿Sospechaste de la gente que vivía ahí? ¿Qué prejuicios traías?
- ¿Has estado alguna vez en una posición de poder? ¿Has estado alguna vez en una posición sin poder? ¿Tener poder o no tenerlo ha cambiado tu comportamiento?
- ¿Has formado alguna vez parte de una organización dominada por el miedo? ¿Cómo respondiste? ¿Cómo respondieron los demás?
- ¿Te has dado cuenta de que la vida familiar es casi siempre el lugar más difícil en el que ser ejemplar y aplicar los principios correctos de liderazgo?
- ¿Te sientes incluido y escuchado en el trabajo? ¿Y en la escuela? ¿Y en casa?
- ¿Excluyes, manipulas o tratas mal a alguien? ¿Hay algún área de tu vida en la que estés siendo «apestoso, despreciable, mezquino»? ¿Hay algún área de tu vida en la que estés perdiendo la capacidad de conectar haciendo comparaciones inútiles o destructivas con los demás?

- Te pido que cambies. Cambia tu forma de ver y tratar a la humanidad. El viaje en el que te llevo creará tanto alegría como dolor. Nunca estamos preparados para eso, así que la verdadera pregunta es: ¿estás dispuesto?

LAS CUATRO PREGUNTAS

- En primer lugar, ¿crees realmente que todos los hombres y mujeres han sido creados iguales y aceptas a los demás y los acoges en tu sociedad simplemente porque son de carne y hueso, aunque sus valores difieran de los tuyos?

- En segundo lugar, sin prejuicios ni discriminación, ¿animas a los demás a aprender y crecer y les apoyas en ese proceso incluso cuando les falta confianza o cometen errores?

- En tercer lugar, ¿concedes a los demás la máxima autonomía para que contribuyan a su manera a medida que demuestran su capacidad para obtener resultados?

- En cuarto lugar, ¿invitas sistemáticamente a los demás a cuestionar el *statu quo* para mejorar las cosas y estás personalmente preparado para equivocarte basándote en la humildad y la mentalidad de aprendizaje que has desarrollado?

Introducción

Pasé mi infancia en Durango (Colorado). Mi padre era profesor entre los navajos, la segunda tribu nativa americana más grande después de los cheroquis. Aunque no éramos nativos americanos, ni miembros de la tribu, ni hablábamos navajo, esta gente nos acogió en su sociedad. Las diferencias culturales entre nosotros eran significativas y no desaparecieron por arte de magia, pero nos aceptaron —no de repente, sino gradualmente— extendiendo lazos de afecto y un sentido de pertenencia que yo percibía claramente cuando era niño. Nos incluían, y nosotros podíamos sentir esa sensación de inclusión.

En una ocasión fui con mi padre a una parte remota de la reserva. Mientras pasábamos por un pequeño asentamiento, vimos a un hombre parado fuera. Mi padre paró el camión y se acercó a saludar al hombre, sabiendo que, si no se detenía, podría crear sospechas porque era inusual que los no nativos se pasearan por este lugar aislado. Me quedé en el camión y observé el intercambio. Los hombres no se dieron la mano. No hubo saludos de ningún tipo. Tampoco pude ver en el rostro del navajo ninguna señal no verbal que indicara su estado de ánimo o su respuesta. Parecía carecer de emociones y ese efecto plano me llevó a pensar que no estaba contento. Sin sonreír ni saludar, los hombres se separaron. Cuando mi padre volvió al camión, yo estaba seguro de que él había ofendido al hombre.

Pregunta clave: ¿Alguna vez has juzgado mal a otra persona por no entender las diferencias culturales?

«¿Está enfadado?», pregunté mientras mi padre volvía a subir a la camioneta.

Mi padre me miró extrañado y respondió: «Ha dicho que podemos quedarnos en su tierra y bañarnos en su arroyo».

Yo había malinterpretado todo el intercambio.

Antes de entrar en contacto el uno con el otro, estamos en un estado de separación, pero no de exclusión. Somos extraños, pero no ajenos. Cuando los seres humanos comienzan a interactuar, inician el proceso de decidir si se aceptan mutuamente en sus respectivas sociedades y cómo lo hacen. La forma en que aceptamos o rechazamos, incluimos o excluimos, adopta muchas formas, pero la principal forma de trazar líneas entre nosotros es concediendo o negando la seguridad psicológica. Permíteme repetir la definición:

Concepto clave: La seguridad psicológica es una condición en la que te sientes (1) incluido, (2) seguro para aprender, (3) seguro para contribuir y (4) seguro para cuestionar el *statu quo*, sin miedo a ser avergonzado, marginado o castigado de alguna manera.

El concepto de seguridad psicológica es tan antiguo como la primera interacción humana. Pero solo en los últimos años hemos consolidado el concepto bajo un término unificador desde que el psicólogo William Kahn lo acuñó por primera vez en 1990. Otros investigadores pioneros como Edgar Schein, Warren Bennis y Amy Edmondson nos han ayudado a entender cómo y por qué la seguridad psicológica está directamente relacionada con el rendimiento de los equipos y el impacto empresarial.[1] En el pasado utilizamos otros términos para identificar la seguridad psicológica y sus antecedentes. Por ejemplo, Carl Rogers habló de la necesidad de «consideración positiva incondicional».[2] Douglas McGregor hizo referencia a las «necesidades de seguridad» no físicas.[3] El premio Nobel Herbert Simon sugirió que las organizaciones que funcionan plenamente requieren «actitudes de amistad y cooperación».[4] Y, por último, si nos remontamos a Abraham Maslow, este las nombró «necesidades de pertenencia», afirmando que «si tanto las necesidades fisiológicas como las de seguridad están bastante bien satisfechas, entonces surgirán las necesidades de amor y afecto y de pertenencia».[5]

La seguridad psicológica es una necesidad posmaterialista, pero no por ello es menos necesidad humana que la comida o el refugio. De hecho, se podría argumentar que la seguridad psicológica es simplemente la manifestación de la necesidad de autoconservación en un sentido social y emocional. O podríamos llamarlo amor industrializado. Erich Fromm explicó: «A menos que pertenezca a algo, a menos que su vida posea algún significado y dirección, se sentirá como una partícula de polvo y se verá aplastado por la insignificancia de su individualidad. No será capaz de relacionarse con algún sistema que proporcione significado y dirección a su vida, estará henchido de duda, y esta, con el tiempo, llegará a paralizar su capacidad de obrar, es decir, su vida».[6]

Figura 3. Seguridad psicológica y jerarquía de necesidades.

En la jerarquía de necesidades, la seguridad psicológica abarca las necesidades de satisfacción, pertenencia y seguridad, tres de las cuatro categorías de necesidades básicas (figura 3). Una vez satisfechas las necesidades físicas básicas de alimentación y refugio, la seguridad psicológica se convierte en una prioridad.

Pregunta clave: ¿Hay áreas de tu vida en las que la falta de seguridad psicológica limita tu capacidad de actuar, vivir y ser feliz?

Piensa en una ocasión en la que te hayas sentido avergonzado, marginado o rechazado en un entorno social: un profesor ignoró tu pregunta, un jefe criticó tu idea, un compañero de trabajo se burló de tu pronunciación en inglés, un director de *casting* ridiculizó tu audición, un entrenador te gritó por cometer un error no forzado, tu equipo te abandonó y se fue a comer... Me refiero a momentos en los que se te privó de seguridad psicológica. ¿Recuerdas esas experiencias hirientes? Son difíciles de olvidar porque escuecen.

¿Influyen esas ocasiones en tu comportamiento? Como nos recuerda la socióloga Arlie Russell Hochschild, «sentir es una forma de preacción».[7] Cuando nos desairan, ignoran, silencian, rechazan, excluyen o humillan; cuando nos intimidan, acosan o avergüenzan; cuando nos desprecian, pasan por encima de nosotros o nos descuidan... esas experiencias no son eventos neutrales. Son desmoralizantes, conducen a la alienación y activan los centros de dolor del cerebro. Aplastan la confianza y nos dejan en un silencio resentido y estupefacto. De hecho, a veces el miedo a estas cosas puede ser más debilitante que la cosa en sí. Está claro que lo que sentimos influye en lo que pensamos y hacemos.

No tener voz y ser maltratado puede tener un profundo impacto en nuestra capacidad de rendimiento, crear valor y prosperar. Como seres humanos, percibimos instintivamente el ambiente, el tono y la atmósfera que nos rodea y respondemos en consecuencia. Pero no es una propuesta binaria: la seguridad psicológica no es algo que se tenga o no se tenga. Desde el núcleo familiar hasta las Fuerzas de Operaciones Especiales de la Marina de Estados Unidos, desde el camión de comida hasta el gabinete del presidente, todas las unidades sociales registran algún nivel de seguridad psicológica.

En las empresas, es un hallazgo indiscutible que una alta seguridad psicológica impulsa el rendimiento y la innovación, mientras que una baja seguridad psicológica incurre en los costes de baja productividad y alto desgaste. El proyecto Aristóteles de Google demostró que el puntaje de CI y el dinero no producen necesariamente resultados. Tras estudiar a 180 de sus equipos, Google descubrió que la inteligencia y los recursos no pueden compensar la falta de seguridad psicológica de un equipo. De hecho, la empresa se decantó por la seguridad psicológica como el factor más importante para explicar el alto rendimiento.[8]

> **Concepto clave**: Una empresa que espera que los empleados aporten todo su ser al trabajo debe involucrar a todo el equipo.

Cuando la seguridad psicológica es alta, la gente se hace más dueña de la situación y libera más esfuerzo discrecional, lo que da lugar a un aprendizaje y una resolución de problemas más rápidos. Cuando la seguridad psicológica es baja, la gente no se esfuerza por superar el miedo. En su lugar, se cierran, se autocensuran y redirigen su energía hacia la gestión del riesgo, la evitación del dolor y la autoconservación. Como dijo Celia Swanson, exvicepresidenta ejecutiva de Walmart: «Tomar la decisión de denunciar una cultura tóxica es una de las decisiones más difíciles a las que pueden enfrentarse los empleados en sus carreras».[9]

> **Concepto clave:** En el siglo XXI, la alta seguridad psicológica se convertirá cada vez más en una condición de empleo, y las empresas que no la proporcionen sobrecargarán a sus mejores trabajadores.

Mi trabajo de campo con organizaciones de distintos sectores, culturas y grupos demográficos me ha llevado a identificar un patrón consistente en las formas en que las unidades sociales conceden la seguridad psicológica y cómo la perciben los individuos. Hay una progresión natural a través de cuatro etapas de desarrollo basadas en una combinación de respeto y permiso. Por respeto me refiero al nivel general de consideración y estima que nos otorgamos unos a otros. Respetar a alguien es valorarlo y apreciarlo. Y por permiso me refiero al permiso que damos a los demás para participar como miembros de una unidad social, el grado en que les permitimos influir en nosotros y participar en lo que hacemos.

A medida que las empresas conceden niveles crecientes de respeto y permiso, los individuos suelen comportarse de una manera que refleja el nivel de seguridad psicológica que se les ofrece. Cada etapa anima a los individuos a comprometerse más y acelerar tanto su desarrollo personal como el proceso de creación de valor.

Concepto clave: Las personas prosperan cuando participan en un sistema cooperativo con alta seguridad psicológica.

El marco de «las cuatro etapas de la seguridad psicológica» puede utilizarse como herramienta de diagnóstico para evaluar el estado de la seguridad psicológica en cualquier organización o unidad social (figura 4). Las siguientes explicaciones de cada etapa son solo resúmenes. En el resto del libro analizaré cada una de las cuatro etapas con más detalle.

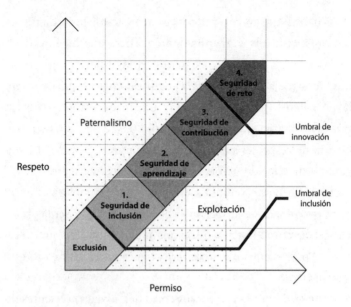

Figura 4. El camino de la inclusión a la innovación.

Etapa 1: Seguridad de inclusión

La primera etapa de la seguridad psicológica es la admisión informal en el equipo, ya sea el club de lectura del barrio o el Colegio Cardenalicio. En otras palabras, los miembros del colectivo social te aceptan y te conceden una identidad compartida. Ya no eres un marginado y se te incorpora al grupo. Pero es importante entender que la seguridad de inclusión no es simplemente tolerancia, no es un intento de encubrir las diferencias o fingir educadamente que no existen. No, la seguridad de inclusión se consigue invitando de verdad a los demás a la sociedad basándose en la única condición de que son de carne y hueso. Esta conexión trascendente supera todas las demás diferencias.

Concepto clave: La necesidad de ser aceptado precede a la necesidad de ser escuchado.

Como especie, tenemos tanto instintos naturales como socialización adquirida para detectar los límites sociales y los gestos de invitación o rechazo a través de esos límites; o, dicho de otra manera, para percibir los niveles de respeto y permiso que se nos ofrecen.

Por ejemplo, cuando una nueva estudiante de secundaria pregunta a sus compañeros: «¿Puedo comer con vosotros?», la respuesta a esa pregunta amplía la seguridad de inclusión si los alumnos dicen que sí. Si dicen que no, el individuo no puede cruzar el umbral de la inclusión. En una versión más sutil de este encuentro, la alumna es simplemente ignorada por sus compañeros al pasar. En algunos casos, nos ignoramos unos a otros como una forma suave de mostrar desprecio. En cualquier caso, duele que te dejen de lado y te nieguen la aceptación. Como ejemplo conmovedor de la gran necesidad de inclusión, una encuesta de la Asociación para la Salud de las Universidades Americanas entre estudiantes universitarios descubrió que el 63 % de los estudiantes encuestados afirmaron sentirse «muy solos». Eso es casi dos tercios de la población estudiantil. [10] A pesar de nuestra abundancia material, cada vez sufrimos más pobreza social y emocional. [11]

Concepto clave: Ser ignorado es a menudo tan doloroso como ser rechazado.

William James, el padre de la psicología norteamericana, dijo: «No podría haber peor castigo, en caso de que fuera físicamente posible, que dejar libre a un individuo en la sociedad, pero que todos los demás miembros de ella no le hicieran el menor caso. Si al entrar a alguna parte nadie volviera la vista hacia nosotros, ni respondiera a nuestras palabras, ni mostrara interés en lo que hiciéramos, sino que todo el mundo nos "tratara como muertos", y actuara como si no existiéramos, de inmediato nos invadiría una rabia impotente y desesperada, ante la cual parecerían un alivio las más crueles torturas corporales». [12]

¿Por qué los asesinos en masa matan a víctimas inocentes? ¿Por qué los ciudadanos vomitan veneno y odio? ¿Por qué la tasa de suicidios en Estados Unidos ha aumentado un 33 % en los últimos dieciocho años? [13] Directamente relacionados con la alienación, el desamor y el ostracismo, estos trágicos resultados son consecuencia de necesidades profundamente insatisfechas. Está claro que conceder y recibir seguridad de inclusión es una cuestión no solo de felicidad, sino también de vida o muerte.

> **Concepto clave:** Cuando los seres humanos no pueden obtener la aceptación o la aprobación de los demás, suelen buscar la atención como sustituto, aunque esa atención sea destructiva.

La seguridad de inclusión se crea y se mantiene a través de la admisión renovada al grupo y de repetidas indicaciones de aceptación. En el mundo empresarial se nos admite formalmente en un equipo cuando se nos contrata, pero la pertenencia informal la conceden o deniegan las personas con las que trabajamos. Puede que ser el nuevo contratado en el equipo de desarrollo de software sea lo que te da el estatus de miembro oficial, pero sigues necesitando la aceptación sociocultural del equipo para obtener la seguridad de inclusión. Dar seguridad de inclusión es un imperativo moral.

Etapa 2: Seguridad de aprendizaje

La seguridad de aprendizaje indica que te sientes seguro para participar en el proceso de descubrimiento, hacer preguntas, experimentar e incluso cometer errores (no si los cometes, sino para cuando los cometas). Sin la seguridad de aprendizaje, es probable que vuelvas a permanecer pasivo debido al riesgo de actuar más allá de una línea tácita de permiso. En niños, adolescentes y adultos los patrones son los mismos: todos aportamos inhibiciones y ansiedad al proceso de aprendizaje.

> **Concepto clave**: Cuando el entorno menosprecia, degrada o corrige duramente a las personas en el proceso de aprendizaje, se destruye la seguridad del aprendiz.

Un entorno que garantiza el paso seguro al aprendizaje abre los brotes del potencial, cultivando la confianza, la resiliencia y la independencia.

Mientras que los individuos pueden permanecer relativamente pasivos en la etapa de seguridad de inclusión, la seguridad del aprendiz les exige esforzarse y desarrollar su autoeficacia. Ya no son espectadores. La transición a la seguridad del aprendiz significa cruzar a la ansiedad de lo desconocido. Cuando la seguridad del aprendiz está presente, el líder y el equipo pueden incluso aportar parte de la confianza que le falta al individuo. Por ejemplo, días después de que el filósofo francés Albert Camus ganara el Premio Nobel de Literatura en 1957, escribió una carta de agradecimiento a su profesor de primaria. Decía: «Querido Monsieur Germain, sin usted, sin la mano afectuosa que tendió al pequeño y pobre niño que fui, sin su enseñanza y ejemplo, nada de esto habría sucedido».[14]

La seguridad de aprendizaje implica actividad y participación dentro de unos límites definidos. Por ejemplo, observé a un aprendiz de fontanero que ayudaba a un maestro fontanero más experimentado en una obra. El aprendiz disponía de seguridad de aprendizaje para observar, hacer preguntas, preparar herramientas y materiales y contribuir de forma limitada al trabajo. A medida que el maestro fontanero respondía positivamente a las preguntas del aprendiz, este liberaba más esfuerzo discrecional para aprender, hacer y convertirse en un buen fontanero.

En un caso opuesto, observé la frustración del director de un hotel con un empleado de recepción que intentaba resolver un problema urgente de los clientes. Cuantas más preguntas hacía el empleado, más frustrado se sentía el director. Esa frustración sustituyó al respeto y al permiso creando una barrera emocional que cerró la disposición del empleado a hacer más preguntas e iniciar la acción. Como era de esperar, el empleado comenzó a comportarse como una víctima complaciente, perdiendo tanto la iniciativa como el entusiasmo.

Etapa 3: Seguridad de contribución

A medida que el rendimiento individual aumenta en un entorno propicio que ofrece respeto y permiso, entramos en la etapa de la seguridad de contribución, que invita al individuo a participar como miembro activo y de pleno derecho del equipo. La seguridad de contribución es una invitación y una expectativa para realizar el trabajo en una función asignada con los límites adecuados, partiendo de la base de que puedes desempeñar tu función de forma competente. Si no ofendes las normas sociales del equipo, por lo general se te concederá la seguridad de contribuir cuando adquieras competencia en las habilidades requeridas y las tareas asignadas.

> **Concepto clave**: A medida que el individuo demuestra su competencia, la empresa suele concederle más autonomía para contribuir.

La transición a la seguridad de contribución también puede estar vinculada a las credenciales, el título, el cargo y la atribución formal de autoridad. Por ejemplo, cuando un entrenador selecciona a un jugador de un equipo deportivo para que forme parte de la alineación inicial, suele haber una transición inmediata a la seguridad de contribución. Cuando un hospital contrata a un cirujano bien cualificado, se le otorga formalmente la seguridad de contribución. Por lo tanto, cuando la autoridad formal o las credenciales son un requisito previo para desempeñar un papel, actúan como un sustituto parcial de la seguridad psicológica basada en el derecho oficial o legal a contribuir.

A pesar de su capacidad para hacer el trabajo, a un individuo se le puede negar la seguridad de contribuir por razones ilegítimas como la arrogancia o la inseguridad del líder, los prejuicios personales o institucionales, los prejuicios o la discriminación, las normas de equipo predominantes que refuerzan la insensibilidad, la falta de empatía o el distanciamiento. La seguridad de contribución surge cuando el individuo tiene un buen rendimiento, pero el líder y el equipo deben poner de su parte para proporcionar el estímulo y la autonomía adecuada.

Etapa 4: Seguridad de reto

La última etapa de la seguridad psicológica te permite retar, desafiar o cuestionar el *statu quo* sin represalias ni riesgo de dañar tu posición personal o reputación. Te da la confianza para decir la verdad al poder cuando crees que algo tiene que cambiar y es el momento de decirlo. Armados con la seguridad de reto, los individuos superan la presión de conformarse y pueden alistarse en el proceso creativo.

Analizando su enorme base de datos de más de cincuenta mil habilidades, LinkedIn realizó un estudio para identificar las habilidades sociales más importantes. ¿Adivinas cuál es la habilidad más demandada? Respuesta: la creatividad. [15] Pero la creatividad nunca es suficiente. Solo cuando las personas se sienten libres y capaces ponen en práctica su creatividad. Cada uno de nosotros protege su creatividad bajo llave emocional. Giramos esa llave desde dentro hacia fuera cuando es seguro hacerlo. Sin la seguridad de reto hay pocas posibilidades de hacerlo porque las amenazas, los juicios y otras creencias limitantes bloquean la curiosidad en nosotros mismos y en los demás.

Pregunta clave: ¿Qué probabilidad tienes de innovar si no percibes altos niveles de respeto y permiso a tu alrededor?

Un directivo intermedio de una empresa internacional lo resumió así: «Soy muy cuidadoso a la hora de arriesgarme y cuestionar el *statu quo*. Si lo hago y no me cortan la cabeza, lo volveré a hacer. Si me cortan la cabeza, puedes estar seguro de que me guardaré mis ideas».

Esta afirmación ilustra el instinto de autocensura que poseen todos los seres humanos y la ventaja competitiva inherente que proporciona la seguridad de reto. El clima abierto de la seguridad de cuestionar permite a la organización hacer circular el conocimiento local desde la base de la organización hasta la cima para aumentar su capacidad de adaptación. Pero eso no es todo: también permite que la gente sea curiosa y creativa.

Si se lleva a cabo un análisis *post mortem* del fracaso de casi cualquier organización comercial que muera, se puede rastrear la causa de la muerte a la falta de seguridad de reto. Por ejemplo, ¿por qué fracasaron Kodak, Blockbuster, Palm, Borders, Toys «R» Us, Circuit City, Atari, Compaq, Radio Shack y AOL? Perdieron su ventaja competitiva por no haber innovado; pero ¿por qué? Estas empresas contaban con un gran número de personas muy inteligentes y, sin embargo, todas ellas fueron víctimas de amenazas competitivas que se escondían a la vista. Las estrategias compensatorias que sus competidores pusieron en marcha no eran misteriosas. De hecho, eran obvias. Lo que estas empresas no hicieron fue retar el *statu quo* y cambiarse a sí mismas. Estaban, como observó Thoreau, «enterradas en la tumba de la costumbre». Permitieron que el *statu quo* se fosilizara y no se permitieron cambiarlo.

El proceso de escrutinio del *statu quo* normalmente inyecta un grado de conflicto, confrontación y a veces cierto caos. Cuando hay censura o castigo, cuando el conflicto intelectual se convierte en conflicto interpersonal, cuando el miedo se convierte en un motivador, el proceso se colapsa y la gente se calla.

> **Concepto clave:** Cuando no se tolera la franqueza, no hay crítica constructiva. Donde no hay crítica constructiva, no hay innovación.

La seguridad de reto es una licencia para innovar. El trabajo del líder es gestionar la tensión y sacar el genio colectivo de la gente y luego mantener ese proceso recursivo a través de la prueba y el error. La brillantez surge de la interdependencia del equipo. Pero las compañías suelen ser reacias a conceder seguridad a los cuestionarios porque amenaza la estructura de poder, la asignación de recursos, los incentivos, el sistema de recompensas y la velocidad de funcionamiento. La innovación es el alma del crecimiento y, a su vez, un formidable reto cultural. Algunas organizaciones nunca lo consiguen. Otras lo consiguen y luego lo pierden. «Las empresas tienen hábitos», observa Brad Anderson, director general de Best Buy, «y se aferran a sus hábitos a expensas, a veces, de su propia supervivencia».[16] Esta pauta también es válida a nivel individual.

Pregunta clave: ¿Qué hábitos anticuados tienes que cambiar?

Para muchos líderes, pedir algo que les haga personalmente vulnerables está más allá de su capacidad moral, emocional e intelectual. Por eso son incapaces de cruzar el umbral de la innovación y crear este alto nivel de seguridad psicológica en sus organizaciones. Pensemos en la catástrofe del transbordador espacial Challenger, causada por el fallo de las juntas tóricas utilizadas en las uniones de campo de los cohetes propulsores sólidos. Las juntas no estaban diseñadas para funcionar correctamente en las condiciones de frío que existían el día del lanzamiento. Los expertos advirtieron a la NASA que no lanzara el transbordador a temperaturas inferiores a los 12 °C, pero sintiendo la presión de los anteriores retrasos en el lanzamiento, los altos cargos silenciaron a los detractores, ignoraron las advertencias y siguieron adelante. La arrogancia y la falta de seguridad de reto contribuyeron a la tragedia.

Cuando trabajo con líderes de empresas que operan en entornos muy dinámicos, los que crean seguridad de reto obtienen una ventaja competitiva porque son capaces de acelerar el proceso de innovación. Los que son propensos a querer el estatus oficial y obtener poder no pueden hacerlo porque, como dijo el gran maestro de ajedrez Gary Kasparov, no «tienen agallas para forzar los límites del juego». Si no son capaces de aceptar la vulnerabilidad, sacrificar sus intereses personales y escapar de sus necesidades de ego, no están a la altura del trabajo.

Por último, para ampliar la innovación en toda la compañía, los líderes deben establecer la norma de desafiar el *statu quo.* Ningún buzón de sugerencias habilitado por la tecnología ni ninguna *jam session* colaborativa funcionarán sin una seguridad de reto subyacente. Y hay que tener en cuenta que no responder a una sugerencia puede ser peor que rechazarla directamente, ya que esto es al menos un reconocimiento.

En el siglo XXI, la necesidad de seguridad de reto es cada vez más importante, ya que la aceleración de los mercados reduce la duración media de la ventaja competitiva. En 1966, la permanencia media de una empresa del S&P 500 era de treinta y tres años. Se redujo a veinticuatro años en 2016 y se prevé que caiga en picado hasta los doce años en el 2027. [17]

Se supone que esta tendencia continuará sin que se produzca un nuevo equilibrio o estado de normalidad. Salvo unas pocas que parecen tener un foso impenetrable de ventajas competitivas, las empresas tendrán que crear y mantener la seguridad de reto como la fuerza de incubación que permite la innovación perpetua. Sin ella no tendrán la agilidad necesaria para competir.

¿Qué ocurre si una organización no ha purgado su legado de prejuicios hacia las mujeres, las minorías, las identidades religiosas u otras características humanas? La mayoría concede la igualdad y la inclusión como una cuestión de política; pocas la viven y respiran como una cuestión de cultura y comportamiento. ¿Cómo puede entonces una empresa convertir la diversidad en la composición en una diversidad activa, segura y vibrante en acción? Sin seguridad psicológica la diversidad intelectual quedará en barbecho. Los que viven y trabajan en la sombra reprimirán su instinto de exploración. No participarán en la crítica constructiva porque nunca han visto cómo se hace. Tampoco se les ha concedido el respeto y el permiso para participar.

La bolera y las canaletas

¿Qué ocurre cuando un equipo concede algo de respeto o permiso a sus miembros, pero no ambas cosas, cuando el patrón de seguridad psicológica se sale de la pista de bolos, por así decirlo, para caer en la canaleta de uno u otro lado? (Vuelve a consultar la figura 4 para observar la ubicación del paternalismo y la explotación en el marco).

Cuando un equipo ofrece algo de respeto, pero muy poco permiso, cae en las manos del paternalismo. Los líderes paternalistas actúan como padres sobreprotectores y dictadores benévolos que microgestionan a sus hijos, dándoles palmaditas en la cabeza y diciéndoles que no toquen las cosas. Al principio de mi carrera, el director general de una pequeña empresa para la que trabajaba pidió a los miembros de nuestro equipo que le dieran su opinión sobre la empresa. Interpreté mal las señales y creí erróneamente que se me había concedido la seguridad de cuestionar, por lo que pasé varias horas preparando un memorándum. Nunca recibí respuesta del director general y más tarde me enteré por mis colegas de que esa petición no era auténtica. También aprendí de mis propios sentimientos que el paternalismo genera cinismo y desvinculación.

Pregunta clave: ¿Ves indicios de paternalismo en tu familia, escuela o lugar de trabajo en los que la gente microgestiona a los demás y los deja sin poder?

Por otro lado, ¿qué ocurre cuando un equipo concede cierto permiso para contribuir, pero poco respeto? En este caso, el equipo cae en la explotación, una condición en la que el líder intenta extraer valor mientras no valora a los que crean ese valor. Llevado al extremo, se trata de la esclavitud y la explotación laboral. Pero hay ejemplos cotidianos a nuestro alrededor en forma de comportamientos de humillación, acoso e intimidación. Se podría pensar que esto incitaría a una revuelta populista y, sin embargo, la gente soporta rutinariamente este maltrato por miedo a perder su trabajo.

> **Preguntas clave:** ¿Ves pruebas de personas que se aprovechan de otras en tu familia, escuela o lugar de trabajo? ¿Se ha normalizado el comportamiento de humillación, acoso o intimidación?

Como director de planta, a menudo he sido testigo de un estilo de liderazgo de mando y control, de miedo e intimidación, que tenía poca consideración por la humanidad y consideraba a los trabajadores como mercadería. Como resultado me encontré clasificando a los directivos como consumidores o colaboradores netos. El impulso principal de los consumidores es consumir. Tienden a ver todo y a todos como medios para su propia gratificación y consideran el liderazgo como una vía para su propia indulgencia. Su paradigma de liderazgo se basa en la premisa de que son mejores o más merecedores que los demás miembros de la especie.

En el otro campo encontramos a los colaboradores. Llegan dispuestos a servir, construir, animar y mejorar las cosas. Ellos también están impulsados a lograr el éxito personal, pero aquí está la diferencia: no llegan a utilizar o sacrificar a otros para conseguirlo. Se niegan a pasar por encima de otra persona para conseguir lo que quieren y tienen la ardiente convicción de que los seres humanos son el fin, nunca el medio.

Conclusión

Veo celebraciones acríticas de la diversidad en todas partes, pero la diversidad no produce nada ni bendice a nadie a menos que se pueda extraer su valor. El trabajo más importante de un líder, por encima de la creación de una visión y el establecimiento de una estrategia, es actuar en el papel de arquitecto social y alimentar un contexto en el que las personas reciban el respeto y el permiso para (1) sentirse incluido, (2) aprender, (3) contribuir y (4) innovar. Crear y mantener este tipo de ambiente es la etapa culminante tanto del desarrollo del liderazgo como de la cultura empresarial.

> **Concepto clave**: Las empresas no son mejores que sus líderes, sino que los reflejan.

La creación de seguridad psicológica depende de que se establezca el tono y se modele el comportamiento. O se muestra el camino o se estorba. Si aprendes a cosechar todos los frutos de la seguridad psicológica transformarás las familias, las escuelas, las empresas y las sociedades, permitiendo a las personas realizar sus deseos más profundos: vivir vidas felices, conectadas, creativas, que contribuyan y que sean más hermosas.

CONCEPTOS CLAVE

- La seguridad psicológica es una condición en la que te sientes (1) incluido, (2) seguro para aprender, (3) seguro para contribuir y (4) seguro para cuestionar el *statu quo*, todo ello sin miedo a ser avergonzado, marginado o castigado de alguna manera.

- Una empresa que espera que los empleados aporten todo su ser al trabajo debe involucrar a todo el equipo.

- En el siglo XXI, la alta seguridad psicológica se convertirá cada vez más en una condición para el empleo, y las empresas que no la proporcionen sobrecargarán a sus mejores trabajadores.

- Las personas prosperan cuando participan en un sistema cooperativo con alta seguridad psicológica.

- La necesidad de ser aceptado precede a la necesidad de ser escuchado.

- Ser ignorado es a menudo tan doloroso como ser rechazado.

- Cuando los seres humanos no pueden obtener la aceptación o la aprobación de los demás, suelen buscar la atención como sustituto, aunque esa atención sea de naturaleza destructiva.

- Cuando el entorno nos menosprecia, degrada o corrige con dureza en el proceso de aprendizaje, destruye la seguridad del aprendiz.

- A medida que el individuo demuestra un rendimiento competente, la empresa suele concederle más autonomía para contribuir.

- Cuando no se tolera la franqueza, no hay crítica constructiva. Donde no hay crítica constructiva, no hay innovación.

- Las empresas no son mejores que sus líderes, sino que los reflejan.

PREGUNTAS CLAVE

- ¿Alguna vez has juzgado mal a otra persona porque no has entendido las diferencias culturales?

- ¿Hay áreas de tu vida en las que la falta de seguridad psicológica limita tu capacidad de actuar, vivir y ser feliz?

- ¿Qué probabilidad tienes de innovar si no percibes altos niveles de respeto y permiso?
- ¿Qué hábitos anticuados tienes que cambiar?
- ¿Ves pruebas de paternalismo en tu familia, escuela o lugar de trabajo en las que la gente microgestiona a los demás y los deja sin poder?
- ¿Se ha normalizado el comportamiento de humillación, acoso o intimidación en tu familia, escuela o lugar de trabajo?

ETAPA 1

Seguridad de inclusión

Nuestra capacidad para alcanzar la unidad en la diversidad
será la belleza y la prueba de nuestra civilización.

—MAHATMA GANDHI

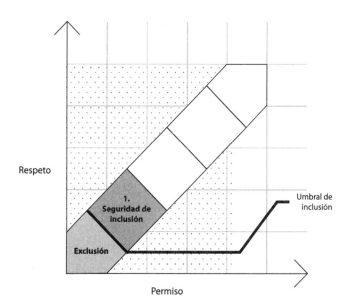

Figura 5. Entrando en el camino de la inclusión y la innovación.

La diversidad es un hecho.
La inclusión es una elección.
Pero no cualquier elección.

Concepto clave: La elección de incluir a otro ser humano
activa nuestra humanidad.

Como primera etapa de la seguridad psicológica, la seguridad de inclusión no es, en su sentido más puro, más que
una aceptación basada en la especie (figura 5, página anterior). Si eres de carne y hueso te aceptamos. Muy simple
en concepto, pero extremadamente difícil en la práctica;
lo aprendemos en el jardín de infancia y lo olvidamos
después. Apenas un 36 % de los profesionales de los negocios creen que sus compañías fomentan una cultura
inclusiva. [1]

Recuerdo haber hablado con mi hijo, Ben, después de su
primer día de guardería:

—¿Qué te ha parecido tu primer día de guardería, Ben?
—pregunté.

—Ha sido divertido, papá.

—¿Tienes ganas de ir a la escuela mañana?

—Sí, muchas.

—¿Mamá te va a llevar al colegio mañana otra vez?

—No, voy a ir andando.

—¿Tienes a alguien con quien ir?

—No, papá, iré solo, pero si alguien quiere venir conmigo, puede hacerlo.

Nunca olvidaré ese tierno intercambio. Es un reflejo de la
naturaleza no corrupta e inclusiva de los niños.

Concepto clave: Incluimos de forma natural en la infancia y excluimos de forma no natural en la edad adulta.

A partir de nuestros defectos e inseguridades, modelamos y reforzamos la exclusión ante quienes nos rodean. Pero no tiene por qué ser así. Después de vivir con los navajos durante unos años, mi familia se trasladó a Los Ángeles y finalmente se instaló en un barrio de clase media de la bahía de San Francisco. Recuerdo que de niño me sentía desarraigado y perdido. Aburrido, solitario y luchando contra un poco de resentimiento, un día estaba sentado en el porche cuando vi a un chico del barrio montando en bicicleta. Se acercó y, sin dudarlo, dijo: «Hola, soy Kenny». En poco tiempo ya estábamos montando juntos en bicicleta, comiendo *kumquats* y cazando lagartijas. El joven que se hizo amigo mío y extendió la seguridad de inclusión con tanta confianza a la edad de diez años es ahora el pastor Kenny Luck, el pastor de la Iglesia Camelback en Lake Forest (California).

No todo el mundo nace con la confianza y el sentido de la preocupación de Kenny, pero la decisión básica de incluir o excluir no tiene que ver con la habilidad o la personalidad, aunque esas cosas pueden mejorar tu capacidad de incluir. Se trata más de la intención que de la técnica. No se puede legislar, ni regular, ni formar, ni medir, ni hacer que exista; no responde a eso. Es un acto de voluntad que brota desde el corazón. Si no hay seguridad psicológica, no hay inclusión.

Concepto clave: Incluir a otro ser humano debe ser un acto de prejuicio basado en la valía de esa persona, no un acto de juicio basado en los méritos de esa persona.

Nuestros hijos memorizaron en la escuela pasajes de *Tengo un sueño* de Martin Luther King Jr. Todavía puedo oírles recitar la frase: «Busco el día en el que la gente no sea juzgada por el color de su piel, sino por el contenido de su carácter». El teólogo Reinhold Niebuhr hizo una observación similar cuando dijo: «En las Escrituras se nos advierte que debemos juzgar a los hombres por sus frutos, no por sus raíces».[2]

Antes de que juzgues a otros como menos glorificados, por favor, ten en cuenta que el reverendo King y el pastor Niebuhr están hablando del valor del carácter. A lo que me refiero es: primero va el valor y después el mérito. La seguridad de inclusión no tiene que ver con los méritos: consiste en tratar a las personas como personas. Es el acto de extender el compañerismo, la membresía, la asociación y la conexión, independientemente del rango, el estatus, el género, la raza, la apariencia, la inteligencia, la educación, las creencias, los valores, la política, los hábitos, las tradiciones, la lengua, las costumbres, la historia o cualquier otra característica definitoria. La inclusión marca el paso a la civilización. Si no podemos hacer eso como punto de partida, no estamos siendo fieles a lo que Lincoln llamó «los mejores ángeles de nuestra naturaleza». Negar la seguridad de inclusión es una señal de que estamos enzarzados en una lucha con nuestra propia ceguera voluntaria. Nos estamos automedicando con cuentos sobre nuestro carácter distintivo y nuestra superioridad. Si se trata de un caso leve de esnobismo, puede ser fácil de descartar, pero si se trata de un caso más grave de supremacía narcisista, es un problema mayor. Y luego está todo lo que hay entre medias.

En nuestras unidades sociales, debemos crear un entorno de inclusión antes de empezar a pensar en juzgar a los demás. El valor precede al mérito. Hay un momento y un lugar para juzgar esos méritos, pero cuando se permite a alguien cruzar el umbral de la inclusión, no hay ninguna prueba definitiva. No ponemos tu carácter sobre la balanza para ver si es suficiente. Ser merecedor de la inclusión no tiene nada que ver con tu personalidad, virtudes o habilidades, ni nada que ver con tu género, raza, etnia, educación o cualquier otra variable demográfica que te defina. En este nivel solo hay una descalificación: la amenaza de daño.

El único requisito de reciprocidad en este contrato social no escrito es el intercambio mutuo de respeto y permiso de pertenencia. Este intercambio no puede ser impuesto por la ley. Existen, por supuesto, leyes contra la discriminación, pero sigue habiendo mil maneras de poder seguir persiguiendo informalmente a los demás.

Permíteme darte un ejemplo de test A/B para la seguridad de la inclusión. Tengo dos coches: uno es viejo y está oxidado, tiene 507 000 kilómetros marcados y un valor de reventa de 370 dólares; el otro es un sedán deportivo negro. Cuando llevo mi sedán al taller el encargado es muy atento; en cambio, cuando llevo mi cubo de óxido, el encargado puede ser ligeramente despectivo. En ambos casos, el coche es el principal indicador de mi estatus social y la gente concede o deniega la seguridad de inclusión en función de mi coche, el artefacto en el que me siento. Algunos días me ignoran educadamente, otros días me atienden atentamente. Así de sensible es la gente a estos indicadores, porque nos peleamos por el estatus como los monos por las nueces.

Preguntas clave: ¿Tratas a las personas que consideras de menor estatus de forma diferente a las de mayor estatus? Si es así, ¿por qué?

¿Qué hay que hacer para obtener la seguridad de inclusión? Dos cosas: ser humano y ser inofensivo. Si cumples ambos criterios, estás calificado. Si solo cumples uno, no. El gran abolicionista afroamericano Frederick Douglass hizo la declaración definitiva sobre la seguridad de inclusión cuando dijo: «No conozco ningún derecho de raza superior a los derechos de la humanidad». Esta afirmación puede aplicarse a cualquier característica. Cuando extendemos la seguridad de inclusión a los demás, subordinamos nuestras diferencias para invocar una característica vinculante más importante: nuestra humanidad común.

La tabla 1 define el respeto y el permiso en la primera etapa de la seguridad psicológica. La definición de respeto en esta etapa es simplemente el respeto por la humanidad del individuo. El permiso en esta etapa es el permiso que le das a otro para entrar en tu sociedad personal e interactuar contigo como ser humano. Por último, el intercambio social es aquel en el que cambiamos inclusión por estatus humano, siempre y cuando no nos amenacemos mutuamente con daño.

Tabla 1. **Etapa 1: Seguridad de inclusión**

Etapa	Definición de respeto	Definición de permiso	Intercambio social
1. **Seguridad de inclusión**	Respeto por la humanidad del individuo	Permiso para que el individuo entre en tu sociedad personal	Inclusión a cambio de un estatus humano y la ausencia de daños

A pesar de saber que deberíamos extender la seguridad de inclusión a todo el mundo, nos hemos vuelto muy hábiles en perseguir a los demás hasta los márgenes y rozar los límites. Dividimos, segmentamos y estratificamos la familia humana. A veces extendemos una seguridad de inclusión parcial o condicional; otras la revocamos o la negamos.

Concepto clave: En lugar de conceder la seguridad de inclusión basada en el estatus humano, tendemos a juzgar la valía de otra persona basándonos en indicadores como la apariencia, el estatus social o las posesiones materiales, cuando esos indicadores no tienen nada que ver con la valía.

El *kimchi* y nuestra humanidad común

Cuando estaba en la escuela de posgrado, tuve la oportunidad de investigar en la Universidad Nacional de Seúl, en Corea, como becario Fulbright. La universidad me ofreció una plaza en su centro de investigación en Ciencias Sociales. El día que llegué, el profesor Ahn Chung Si me saludó amablemente y me llevó a conocer al personal y a otros investigadores. Mi aprensión inicial fue sustituida por una sensación de inclusión cuando dos estudiantes de posgrado coreanos me invitaron a comer. Yo era el diferente, el extraño, el de fuera, el que no encajaba. Pero no era el intruso. Con mi cuenco de sopa de bolas de arroz en la mano, me senté en una de las mesas de la cafetería y no tardé en saludar a otros estudiantes y profesores. Con cierta vacilación, un estudiante sentado a mi lado me entregó un cuenco de *kimchi*. Ese fue el comienzo de una extraordinaria experiencia de seguridad de inclusión.

Es cierto que yo era la novedad, pero me apresuro a decir que la seguridad de inclusión no es simplemente la expresión de la hospitalidad. Se puede ser amable y no quererlo. Ese tipo de actuación superficial es una forma poco sincera de respetar las normas comunes de decencia y decoro. Pero estos estudiantes no solo fueron amables y serviciales el primer día, lo cual es fácil de hacer. También fueron amables y serviciales el trigésimo día y el sexagésimo, y así sucesivamente. Estaba claramente fuera de su grupo social y sobrepasaba la fecha normal de caducidad del protocolo estándar, del trato obligatorio y respetuoso. Pero tras semanas y semanas de largas jornadas en el centro, nunca revocaron la seguridad de inclusión que extendieron por primera vez. Era real.

Preguntas clave: En el arco de cada vida hay momentos en los que la seguridad de inclusión marca la diferencia: cuando alguien te tiende la mano para incluirte en un momento vulnerable. ¿Cuándo te ha ocurrido? ¿Qué impacto tuvo en tu vida? ¿Lo estás devolviendo?

Pongamos esto en contexto histórico. Corea del Sur está considerada la sociedad más neoconfuciana del mundo, históricamente ha adoptado como valores la jerarquía de estatus, la desigualdad y la discriminación inherente. Los derechos humanos tienen una corta historia, pero en los últimos años se han reconocido como una cuestión de conveniencia política, no por un sentido religioso o filosófico de la ley natural, la inalienabilidad o el derecho investido por Dios. En esta sociedad, los derechos son más instrumentales que morales, más negociados que inviolables, más legislados que garantizados o absolutos. El confucianismo carece de fundamentos racionales, legales o morales para la inclusión, sino que hace hincapié en la lealtad, la devoción, la fidelidad y el cumplimiento de la autoridad para promover la armonía y la estabilidad del grupo.

¿Qué significa todo esto? Significa que soy un extraño. No hay un lugar natural para mí en la sociedad o la jerarquía coreanas. Y, sin embargo, mis amigos coreanos me incluyeron de una manera que superó su tradición neoconfuciana. Suspendieron los términos normales de compromiso dando preferencia a un principio superior de humanidad. En lugar de centrarse en las diferencias, hacían hincapié en el compañerismo.[3] ¿Me consideraban coreano? ¿Me concedieron la plena pertenencia social y cultural? No. Me ofrecieron seguridad de inclusión, pero ¿sobre qué base? ¿Era religiosa, étnica, socioeconómica, geográfica, cultural, política o jurídica? Ninguna de las anteriores. Se basaba en una conexión humana primordial y sobrenatural que superaba nuestro separatismo y penetró en la pertenencia a una familia universal.[4]

Pregunta clave: Entender las diferencias culturales ayuda a crear seguridad de inclusión, pero no es necesario ser un experto en esas diferencias, solo ser sensible a ellas y apreciarlas. ¿Cómo reconoces y muestras sensibilidad y aprecio por las diferencias culturales que existen en tu equipo?

Endurecer el concepto de igualdad

El filósofo John Rawls nos recuerda esta verdad fundamental: «Las instituciones son justas cuando no se hacen distinciones arbitrarias entre las personas al asignarles derechos y deberes básicos» [5]. Excluir a un miembro de una unidad social basándose en prejuicios conscientes o inconscientes es exactamente eso, una distinción arbitraria. Estas deben ser eliminadas, como dice Rawls, para «construir un sistema duradero de cooperación mutua». [6]

Siempre habrá diferencias, pero no debe haber barreras. Siempre habrá mayorías y minorías, pero nunca debemos intentar desprestigiarnos unos a otros hasta fundirnos en un lote homogéneo. Nuestras diferencias nos definen.

Algunos se opondrían alegando que no nos conocemos. Entonces, ¿cómo podemos aceptar, incluir, tolerar y conectar con extraños? De hecho, hay investigaciones que demuestran que los principales impulsores de la seguridad psicológica son la familiaridad entre los miembros del equipo y la calidad de esas relaciones basadas en interacciones previas. [7] Ampliar la seguridad de inclusión no es ampliar los sentimientos de afecto maduros y desarrollados. Puede que tus sentimientos solo sean de esperanza y suposición, pero pueden seguir siendo reales. Los argumentos xenófobos nacen de la ignorancia, el miedo, los celos o un deseo deshonesto de superioridad.

> **Concepto clave**: Dios puede habernos hecho de diferente arcilla, pero no hay motivos para decir que tu arcilla es mejor que la mía.

La seguridad de inclusión no se gana, sino que se debe. Todo ser humano tiene derecho a ella como un derecho no negociable. De hecho, no podemos mantener la civilización sin ella. [8] Deseamos y merecemos la dignidad y la estima de los demás e inevitablemente practicamos la moralidad cuando extendemos o retenemos la seguridad de inclusión. Si no hay amenaza de daño, debemos darla sin un juicio de valor. Como pegamento básico de la sociedad humana, la seguridad de inclusión ofrece la reconfortante garantía de que uno es importante. Si eres un líder y quieres que tu gente rinda, debes interiorizar la verdad universal de que la gente quiere, necesita y merece validación. La seguridad de inclusión requiere que condenemos las tendencias negativas, las distinciones arbitrarias o los prejuicios destructivos que niegan reconocer nuestra igualdad de valor y la obligación de igualdad de trato.

Si todo el mundo merece ser incluido, si todos tenemos derecho al compañerismo y a la conexión, si tenemos derecho a interacciones civiles y respetuosas y si la reciprocidad de la cortesía nos define como especie, tenemos la obligación de derribar el nativismo y el etnocentrismo. Las naciones, las comunidades y las organizaciones no son los únicos infractores.[9] Vemos el aislamiento dentro de las familias, ya que los individuos se rechazan, se destierran y se relegan a un estatus subordinado. Vemos a padres e hijos que se descuidan o se perjudican mutuamente. Y luego están los gloriosos triunfos cuando acertamos, cuando extendemos la mano del compañerismo y somos bendecidos en ese momento con la plenitud de la conexión humana real.

Conceder, retener y revocar la seguridad de inclusión

Después de graduarme en el instituto acepté una beca deportiva para jugar al fútbol americano en la División I en la

Universidad Brigham Young. Al llegar al campus un mes antes de lo previsto para comenzar el campamento de entrenamiento de verano, todos los jugadores de primer año fueron asignados a vivir en el mismo dormitorio cerca de las instalaciones de entrenamiento. Se trataba de un grupo de jóvenes étnica y culturalmente diversos que se veían inmersos en un entorno muy estructurado, un campo de entrenamiento paramilitar, caracterizado por una inmersión repentina y completa.

Renunciamos a nuestra libertad y espacio personales, y a partir de ese momento comíamos, dormíamos, nos duchábamos y sudábamos juntos. La maquinaria del régimen futbolístico dictaba todos los aspectos de nuestra vida cotidiana. Mis compañeros de equipo representaban tres grupos raciales principales: negros, blancos y polinesios. Pero esto no era nada nuevo. A pesar de que nos juntamos desde todas las partes del país, nuestra composición racial era familiar para la mayoría de nosotros. Nos habíamos socializado profundamente en la subcultura étnicamente diversa del fútbol americano y entendíamos sus normas y su meritocracia.

La tarea consistía en formar una nueva sociedad que se organizara según los principios darwinistas y comunitarios. Un equipo de fútbol compite con otros equipos, pero sus jugadores compiten entre sí. Mientras que la rivalidad externa es institucional, la interna es personal. Puedes competir con el tipo que duerme en la cama de al lado. Jugamos un juego de suma cero y finito. Introducir el elemento de la competencia cambia la dinámica de una sociedad y las condiciones de compromiso para conceder o negar la seguridad de inclusión. Las normas previas eran al mismo tiempo colegiales y adversarias, y esa dualidad se mantuvo durante toda la experiencia. El compañero de equipo podía ser amigo y enemigo.

La naturaleza del entorno de los deportes de equipo acelera el desarrollo de la familiaridad, que es muy importante en la formación de la seguridad psicológica. Como atestiguan las investigaciones sociométricas del Laboratorio de Dinámica Humana del MIT, cuanto más rápido y mejor se conozcan los unos a los otros, más eficazmente podrán trabajar juntos. [10] Más contacto y contexto tienden a crear más empatía.

El primer día nos hicimos amigos lentamente, sabiendo que al día siguiente empezaríamos a entrenar y competir. Esa realidad hizo que las fuerzas universitarias y adversarias chocaran. Como resultado, nuestros saludos iniciales fueron amables con los compañeros que no jugaban en nuestras mismas posiciones y fríos con los que sí lo hacían. Todos los jugadores llegaban cargados de honores y reconocimientos, por lo que las fanfarronadas y las bravatas eran signos de inseguridad y una clara señal de que un jugador no era tan bueno como se anunciaba.

En lo que se asemeja a un deporte de sangre moderno, no se puede llevar una trayectoria retórica durante mucho tiempo. El rendimiento es el que habla. El fútbol era nuestra aspiración común, pero la competencia interna era un elemento de división. Éramos miembros formalmente admitidos en el equipo, pero la seguridad de inclusión de cada uno era una cuestión individual. Irónicamente, nos admitimos o nos negamos a admitirnos unos a otros en el acto de unirnos a la sociedad nosotros mismos.

En lugar de fundirnos en un grupo cohesionado, nos dividimos en grupos más pequeños basados en la raza o la geografía. Y luego, por supuesto, estaban los jugadores de la línea defensiva, que se unieron a una fraternidad exclusiva de humanos sensibles de tamaño industrial y cerraron las puertas tras ellos. Yo, en cambio, jugaba de *tackle* defensivo, donde ese tipo de vinculación violaría nuestra subcultura de gladiadores. Tras una semana de lo que Edgar Schein, del MIT, llamaría «interacción espontánea», se podía ver cómo empezaban a formarse normas.[11] Pero una semana más tarde, llegaron los alumnos de cursos superiores y nuestra sociedad orgánica fue engullida por la máquina más grande.

Cuando te incorporas a una organización ya existente, como me ocurrió a mí con el equipo de fútbol, heredas un legado cultural basado en normas perpetuadas. A menos que estés formando un nuevo colectivo social no empiezas de cero. En nuestro caso, los de primer año empezamos limpios y levantamos una sociedad temporal que luego fue abruptamente desmantelada. Cuando llegó el resto del equipo fue como si la nave nodriza hubiera aterrizado con su carga de artefactos, hábitos, costumbres y distribución del poder. Llegaron la ortodoxia y la forma inflexible de hacer las cosas, modeladas y reforzadas por el cuerpo técnico. ¿Regla de puntualidad? Impuesta. ¿Regla de vestimenta? No impuesta. ¿Regla de respeto? Impuesta. ¿Regla de no blasfemar? No impuesta. Y así sucesivamente. A medida que nos adentramos en la temporada oficial, la seguridad de inclusión fue surgiendo poco a poco. Las rivalidades internas se asentaron y nos aliamos.

Entonces llegó la lección más importante de seguridad de inclusión de la vida. A mitad de temporada sufrí una grave lesión. Cuando llegó el diagnóstico de que me había dañado gravemente el tobillo y que debía ser operado, experimenté un repentino y dramático cambio de estatus. Mi entrenador de posición revocó la seguridad de inclusión mediante una campaña silenciosa de negligencia. Estaba lesionado y, por tanto, no podía contribuir al equipo. Para él ahora era invisible. Me había extendido una seguridad de inclusión condicional, no basada en mi valor como ser humano, sino en mi valor como jugador. En el momento en el que me lesioné y dejé de ser útil para el equipo, me retiró su compañerismo mediante una sutil e inequívoca indiferencia. Esa indiferencia escocía. Como aprendí rápidamente, la seguridad de inclusión, una vez construida, es frágil, delicada y temporal.

Concepto clave: En cualquier unidad social, la seguridad de inclusión puede ser concedida, retenida, revocada o concedida parcial o condicionalmente.

Consolarnos a nosotros mismos con teorías de superioridad sin valor

Las teorías tienen consecuencias. Con demasiada frecuencia hemos dirigido nuestras sociedades sobre la base de teorías intelectualmente inmorales. Independientemente de la sociedad en la que se viva, la pluma del historiador ha demostrado que casi todas las sociedades tienen su origen en el fanatismo, la discriminación, la conquista, la esclavitud y la explotación. Los gobiernos y los gobernantes han dedicado gran parte de su tiempo a hilar teorías de superioridad para justificar su permanencia en el poder. Para hacerlo respetable y darle la ilusión de moralidad usan el privilegio y el poder como ideología política. [12] Nosotros hacemos lo mismo a nivel personal cuando nos dejamos llevar por las nociones de supremacía y nos otorgamos un estatus elevado.

Concepto clave: Nos gusta contarnos historias consoladoras para justificar nuestro sentido de superioridad.

Las teorías de la superioridad son intentos de mostrar cómo, en palabras de George Orwell, «todos los animales son iguales, pero algunos son más iguales que otros». Recuerdo haber leído *Mein Kampf* de Hitler cuando era estudiante. Tuve que aguantarme, pero seguí leyendo porque me fascinaba que esa inteligente obra de grandiosidad basada en la eugenesia hubiera influido en tanta gente. Nos gusta que alguien nos diga que somos mejor que los demás, que nos han tratado injustamente y que merecemos más.

Es la misma tesis superficial que encontramos en todas las teorías de la superioridad y el determinismo biológico, así como en todos los intentos de imperialismo intelectual. Comienza con una falsa afirmación de superioridad o de elección, por algún motivo, y luego pasa a una llamada a la acción: estás en minoría, estás en peligro y tienes que levantarte y defenderte. Desgraciadamente, las cepas absurdas del darwinismo social siempre han sido eficaces cuando se presentan con urgencia y erudición. La gente se lo cree. Y realmente no importa qué teoría de la superioridad leas: todas son meditaciones sobre la hipocresía bañadas en el patrioterismo, que se basan en los mismos intentos velados de preservar el vasallaje del pasado.

Preguntas clave: ¿Te sientes superior a otras personas? Si es así, ¿por qué?

Por chocante que parezca, las teorías de la superioridad han dominado las sociedades humanas durante milenios. Como declaró uno de los primeros teóricos del poder, Aristóteles, «es claro que unos nacen libres y otros son esclavos por naturaleza, y que para estos últimos, la esclavitud es correcta y conveniente».[13] Tenemos bibliotecas llenas de teorías de superioridad porque tenemos un deseo irreprimible de ser un poco más especiales que el resto de las personas. John Adams escribió: «Creo que no hay ningún principio que predomine tanto en la naturaleza humana en todas las etapas de la vida, desde la cuna hasta la tumba, en hombres y mujeres, viejos y jóvenes, blancos y negros, ricos y pobres, altos y bajos, como esta pasión por la superioridad».[14]

Con la historia para reflexionar, ¿cómo podemos excusarnos con la premisa de que la naturaleza humana está llena de paradojas, contradicciones y complejidades? Es peligroso e incorrecto descartar la tradición de los derechos naturales como una de las muchas tradiciones propagandísticas. ¿Cuántas veces hemos disfrazado la vanidad de filosofía moral? ¿Cuántas veces hemos disfrazado el elitismo como el orden naturalmente estratificado del cielo?

Afortunadamente, mucha gente no está de acuerdo con estas pretensiones. Pero otros muchos sí. En nuestra sociedad moderna hace tiempo que repudiamos las grandes teorías de la aristocracia de linaje, pero seguimos incubando, alimentando y perpetuando versiones informales que hacen lo mismo. Se manifiestan en forma de estereotipos, resentimientos, prejuicios y persisten en nuestros valores, suposiciones y comportamientos.

Cuando empecé a trabajar como director de planta en Geneva Steel organicé una serie de visitas por toda la planta.

Iba de una instalación a otra, celebrando reuniones en el ayuntamiento, saludando a los directores y a los trabajadores de producción y mantenimiento. Empecé por la planta de coque y luego pasé por los altos hornos, las operaciones de fabricación de acero, la fundición, los trenes de laminación, las unidades de acabado, la expedición y el transporte y, por último, el mantenimiento central.

En la planta de coque dos trabajadores de producción me acorralaron. Se quitaron los cascos y las gafas de seguridad, mostrando rostros cubiertos de sudor y hollín. «Sr. Clark», dijeron con deferencia, «gracias por venir a visitar nuestro departamento. Sabemos que es nuevo en el puesto de director de planta. Sabemos que va a visitar todos los departamentos, pero queríamos que supiera que nuestro departamento es un poco diferente al resto. Nuestro departamento es un poco más complicado que los demás y requiere un poco más de experiencia para hacer lo que hacemos. Si no estuviéramos aquí, la planta cerraría mañana». Expusieron su caso y expresaron su reclamación. Respondí amablemente: «Gracias por compartirlo conmigo. Aprecio su comentario».

Esa escena se repitió en todos los departamentos. Las caras eran diferentes, pero el guion era el mismo. Después de mi recorrido de una semana, me di cuenta de que cada departamento era un poco más importante que los demás, ocupado por una clase especial de personas, que hacían lo que nadie más podía hacer. Todos desplazaban suavemente a sus hermanos y hermanas para sobresalir. Supongo que todos hemos hecho, o hemos tenido la tentación de hacer, una afirmación similar y hemos caído en la gran ilusión de la superioridad.

Pregunta clave: ¿Es el principio moral de la inclusión una verdad conveniente o inconveniente para ti?

La élite y la plebe

La Constitución de EE. UU. ilumina el mundo con una declaración inequívoca de los derechos humanos, pero han tenido que pasar varias generaciones para encontrar el valor de eliminar la discriminación legalizada y desmantelar el edificio de la falsa superioridad. En 1776 Abigail Adams escribió a su marido John: «Deseo que recuerdes a las damas. No nos someteremos a ninguna ley en la que no tengamos voz ni representación». Dos años más tarde, las colonias americanas originales ratificaron la Constitución de Estados Unidos. Aunque el documento fue la primera carta de gobierno que reconocía la igualdad de todos los seres humanos, estableció excepciones y violó los ideales que propugnaba: permitieron la esclavitud, contando a los esclavos como si fueran tres quintas partes de un ser humano «normal», y, por último, pero no menos importante, negaron el derecho de voto a las mujeres. Las mujeres tampoco podían tener propiedades, mantener su propio salario o, en algunos estados, incluso elegir a sus propios maridos. La Constitución estadounidense decretó la inclusión, pero con demasiada frecuencia practicaban la exclusión. Todavía hicieron falta muchas generaciones para interiorizar los valores propuestos, porque las teorías de superioridad estaban profundamente arraigadas en la mente estadounidense, al igual que en todas las naciones. [15] Fíjate en los siguientes actos oficiales de exclusión:

- El Congreso aprobó la Ley de Naturalización de 1790, que declaraba que solo los blancos podían ser ciudadanos de la nación.

- El Congreso aprobó la Ley de Remoción de los Indios de 1830 para expulsar a los nativos americanos de sus tierras tribales.

- Lincoln emitió la proclamación de Emancipación en 1863, pero los estados aprobaron leyes de Jim Crow para imponer la discriminación, y el Tribunal Supremo se sumó con su doctrina legal de «separados pero iguales».

- En 1882, el Congreso aprobó la Ley de Exclusión China, que prohibía la inmigración de chinos.

- En 1910, 1,6 millones de niños de entre diez y quince años trabajaban en fábricas. La Ley de Normas Laborales Justas no prohibió el trabajo infantil hasta 1938.

- Las mujeres no obtuvieron el derecho al voto hasta que se aprobó la Novena Enmienda en 1920.

- En 1942, el presidente Franklin D. Roosevelt autorizó la evacuación y el encarcelamiento de 127 000 estadounidenses de origen japonés de la costa oeste en campos de internamiento.

- Los trabajadores hispanoamericanos no obtuvieron el derecho a sindicarse hasta la década de 1950.

- Por último, no eliminamos los prejuicios deliberados y sistemáticos de nuestras leyes de inmigración hasta la Ley de Inmigración de 1965.

Pero ¿qué pasa con nuestra cultura? Seguimos luchando por corregir la desigualdad y abandonar las nociones de supremacía masculina y anglosajona. Como pregunta mi hija adolescente: «Papá, ¿por qué sigue existiendo la brecha salarial?».

Hemos purgado la mayor parte de nuestras políticas de discriminación, pero ¿han cambiado nuestros corazones? ¿Nos hemos convertido en una sociedad más inclusiva? Un estudio de EY informa de que menos de la mitad de los empleados confían en sus jefes y empleadores. [16] Donde no hay confianza, hay exclusión. Esta cifra es preocupante porque sabemos que la confianza es lo que nos une. [17] Si la familiaridad basada en la frecuencia de la interacción tiene esta asombrosa capacidad de eliminar los prejuicios y la desconfianza, ¿por qué las cifras de confianza son tan bajas?

Esta es la dicotomía «sociedad contra comunidad». [18] Cabría esperar una comunidad confiada dentro de una sociedad más desconfiada. Debería haber proporcionalmente más confianza a medida que avanzamos hacia unidades sociales más pequeñas. Las empresas deberían tener más confianza que los gobiernos. Los equipos deberían tener más que las empresas. Las familias deberían tener más que los equipos y los matrimonios deberían tener la mayor. Debería haber más buena fe y menores costes de transacción en nuestras interacciones a medida que pasamos de lo grande a lo pequeño. [19] Si esto es cierto, y creo que lo es, no llegaremos a ninguna parte hasta que nos concedamos mutuamente seguridad de inclusión.

¿Quién se interpone en el camino? La psicóloga Carol Dweck ha dicho: «Tus fracasos y desgracias no amenazan a los demás. Son tus activos y tus éxitos los que suponen un problema para las personas que derivan su autoestima de la superioridad». [20] Lo irónico es que, debido a nuestra inseguridad, nos negamos a validar a los demás, que es precisamente lo que cura la inseguridad. Esa necesidad insatisfecha se expresa en celos, resentimiento y desprecio. Mientras tanto, la sociedad está llena de descortesía y el odio se ha convertido en una industria en crecimiento.

Concepto clave: Excluir a una persona es más a menudo el resultado de necesidades personales insatisfechas e inseguridades que de una auténtica aversión a la persona.

¿Cuántas veces has desconfiado o criticado a alguien que no conocías realmente y, cuando has llegado a conocer a esa persona, toda tu actitud ha cambiado? Las diferencias tienden a repelernos inicialmente, pero cuando dejamos de juzgar, podemos salvar esas diferencias. Cuando estaba en la universidad, fui a la clase de un profesor con opiniones radicales y me preparé para el combate. Fui a clase y me enteré de que este señor tenía, en efecto, opiniones muy diferentes a las mías, pero desarrollamos una maravillosa amistad al estilo Ruth Bader Ginsburg y Antonin Scalia. Tuvimos maravillosos desacuerdos, pero mantuvimos un profundo respeto mutuo. Si no tenemos cuidado, hay mil maneras de retener la seguridad de inclusión. Y si nos deshumanizamos unos a otros, nos damos permiso para odiarnos y dañarnos.

Una vez trabajé con un equipo ejecutivo cuyos miembros se habían quitado la seguridad de inclusión. Eran funcionarios legales de una empresa, pero se habían revocado mutuamente sus pasaportes culturales. El equipo era disfuncional, se insultaban, se peleaban y apenas soportaban estar en la misma habitación. En mi entrevista con una de ellas, dijo: «No tenemos que caernos bien; solo tenemos que trabajar juntos, así que supongo que no importa. Lo único que me importa es hacer el trabajo. De todos modos, no me importan demasiado las relaciones».

Trabajé con otro líder que imponía su dominio a través de un patrón arbitrario de dar y revocar la seguridad de inclusión. Un día te tenía en consideración y al siguiente no, te respetaba y luego te descuidaba, te escuchaba y luego te ignoraba, te adulaba y luego te olvidaba, te entrenaba y luego te coaccionaba, te curaba y luego te hería. Seamos claros: los juegos mentales son una forma de abuso en la que un ser humano juega con otro. Este modelo de interacción es una artimaña moral en su máxima expresión.

La familia como reino de la plena confianza

La palabra aceptar significa consentimiento para recibir. La palabra inclusión significa tener la condición de asociación o conexión con un grupo. Ahora piensa en estas dos palabras en relación con la unidad familiar. La relación entre marido y mujer se basa en el consentimiento de recibir al otro. La unidad familiar que se crea a partir de esa unión es una nueva entidad de la que ambos son parte. Si uno de los cónyuges niega la pertenencia al otro, la unidad social no funciona. El vínculo legal que los une puede estar intacto, pero la realidad de su unión se ha evaporado.

La interdependencia de la relación matrimonial es más fundamental que en cualquier otro colectivo social. Es frágil y, sin embargo, está concebida como el reino de la más plena confianza. En cualquier momento una de las partes puede retirar la seguridad de inclusión de la otra. El respeto y el permiso para participar que cada uno da al otro es la propia base de su interdependencia, su éxito y su felicidad. Esta seguridad de inclusión es dinámica y perecedera. Debe reponerse cada día. Especialmente en el matrimonio, el respeto debe traducirse en actos de amabilidad, servicio y sacrificio. Sin una inversión constante en gestos de respeto, la relación se marchitará por la negligencia. Pero en una relación de pareja igualitaria, en la que ambos cónyuges participan y permiten al otro el mismo poder y derechos de participación, es probable que la relación produzca niveles sostenibles y elevados de seguridad de inclusión y una experiencia profundamente satisfactoria para ambos.

La relación entre padres e hijos es algo diferente. Los niños comienzan su vida en una etapa de dependencia y es de esperar que pasen a una etapa de interdependencia a medida que aprenden y crecen. Una etapa de pura independencia es, por supuesto, una ficción. En el proceso de desarrollo, la intersección entre el amor y la responsabilidad es muy importante. Los padres no deben consentir el mal comportamiento, pero tampoco deben condenar al niño por ello. El niño es mucho más capaz de aprender tanto los derechos como la responsabilidad en un entorno de seguridad de inclusión continua. Es en la difícil combinación de amor y responsabilidad donde muchos de nosotros tropezamos. Yo he tropezado muchas veces, pero a menudo, por desgracia para mis hijos, he aprendido a decir: «Te quiero y voy a hacerte responsable» en la misma frase y decirlo de verdad.

Preguntas clave: La unidad social básica de la familia es el principal laboratorio para adquirir una verdadera educación cívica sobre seguridad de inclusión.
¿Lo aprendiste en tu familia? Si no es así, ¿pretendes ser

una figura transformadora en tu familia y ser un ejemplo de seguridad de inclusión para la siguiente generación?

Actúalo hasta que te convenzas

¿Y si no puedes encontrar la convicción de incluir a alguien? ¿Y si tienes un sesgo o un prejuicio muy arraigado que no puedes desalojar de tu corazón? ¿Cómo puedes superarlo? ¿Dónde encontramos, por utilizar la frase de Kafka, «el hacha que rompa el mar helado que llevamos dentro»?[21] Algo que no funciona muy bien es sentarse y esperar a que tu corazón cambie.

No hay persona viva que no tenga al menos algún rastro de prejuicio negativo contra alguna característica humana. Pero algunos somos más culpables que otros. Hay que ser honestos sobre tener prejuicios y sesgos y trabajar duro para eliminarlos. No podemos elegir la diversidad; la diversidad simplemente está ahí. Nuestro trabajo es aceptarla.

> **Preguntas clave**: ¿Qué prejuicios conscientes tienes? Pregunta a un amigo de confianza dónde puedes tener prejuicios inconscientes. Por último, ¿dónde ejerces formas sutiles de exclusión para mantener las barreras?

Aprende a quererte a ti mismo primero. Las personas con poca autoestima tienen dificultades para ser inclusivas. Sea cual sea tu nivel de autoestima, este se traslada a tu comportamiento interpersonal. Como observa Nathaniel Branden, «las investigaciones muestran que un buen desarrollo del sentido de la valía personal y de la autonomía se correlaciona significativamente con la amabilidad, la generosidad, la cooperación social y con un espíritu de ayuda mutua».[22] La mejor y más rápida manera de desarrollar la autoestima es desarrollar tu propia capacidad y confianza y realizar actos de servicio para los demás, especialmente para aquellos a los que te cuesta incluir.

Piensa en los enfoques tradicionales que la mayoría de las organizaciones adoptan para la diversidad y la inclusión. Muchas han dado grandes pasos para crear diversidad, pero siguen sin ser inclusivas. Algunas consiguen una representación simbólica de toda la gama de diferencias humanas y se felicitan como si tuvieran una cultura inclusiva. Y otras forman a sus empleados para que sean inclusivos, enseñándoles a ser conscientes, a comprender y a apreciar las diferencias. Eso está bien, pero es algo superficial.[23] Cuando nos sentimos amenazados nos ponemos a la defensiva, tomamos consejo de nuestros miedos, y volvemos a nuestra configuración por defecto de prejuicios aprendidos. Es mejor dar a la gente oportunidades de practicar la inclusión. Hazlo a través de la experiencia creando equipos diversos y asignando a las personas relaciones de tutoría o de entrenamiento entre iguales.

Concepto clave: Se aprende a incluir cuando se practica la inclusión. Actúalo hasta que te convenzas.

El comportamiento inclusivo produce su propia evidencia que lo confirma.[24] La llamada a la acción es sencilla: afirmar el valor individual de otros seres humanos. ¿Quiero decir con esto que hay que fingir hasta sentirlo? ¿Pretender ser amable? ¿Fingir? ¿Llevar la máscara de una persona inclusiva? No, me refiero a un esfuerzo serio con una intención real.

Concepto clave: A medida que amas a las personas con la acción, llegas a amarlas con la emoción.

El sentimiento de amor es la recompensa de la acción de amar. De hecho, si no atendemos a los demás, nuestras relaciones serán superficiales, e incluso sospechosas, hasta que acortemos la distancia. En esa cercanía, en vivir, trabajar, comer y respirar juntos, llegan por fin la consideración y el afecto. Si no sientes lo que quieres sentir, o lo que sabes que debes sentir, hacia un individuo o grupo, el paso del tiempo no lo cambiará, pero tus acciones sí. Actúa siempre con amor.

He vivido y trabajado con personas de todas las partes del mundo. Los quiero a todos y, sin embargo, me doy cuenta de que cada nación, sociedad y familia se cree especial. Si por especial entendemos singular o único, estoy totalmente de acuerdo. Pero si lo tomamos como que somos mejores que nuestros vecinos, sé de dónde viene eso. Todos queremos ser especiales, todos queremos importar. Por desgracia, a menudo nos convencemos de que subordinar a los demás nos permitirá ser más especiales e importar más. La sensación de superioridad que sentimos cuando menospreciamos a los demás es puro autoengaño.

Concepto clave: Ninguna persona que viva en una prisión de prejuicios puede ser verdaderamente feliz o libre. [25]

Preguntas clave: ¿A qué individuo o grupo te cuesta incluir, aunque no te haga ningún daño real? ¿Por qué?

CONCEPTOS CLAVE

- La elección de incluir a otro ser humano activa nuestra humanidad.
- Incluimos de forma natural en la infancia y excluimos de forma antinatural en la edad adulta.
- Incluir a otro ser humano debería ser un acto de prejuicio basado en la valía de esa persona, no un acto de juicio basado en los méritos de esa persona.
- En lugar de conceder seguridad de inclusión basada en la condición humana, tendemos a juzgar la valía de otra persona basándonos en indicadores como la apariencia, el estatus social o las posesiones materiales, cuando esos indicadores no tienen nada que ver con la valía.
- Puede que Dios nos haya hecho de diferente arcilla, pero no hay motivos para decir que tu arcilla es mejor que la mía.
- En cualquier unidad social, la seguridad de inclusión puede ser concedida, retenida, revocada o concedida parcial o condicionalmente.
- Nos gusta contarnos historias consoladoras para justificar nuestro sentimiento de superioridad.
- Excluir a una persona es más a menudo el resultado de necesidades personales insatisfechas e inseguridades, que de una auténtica aversión a la persona.
- Se aprende a incluir cuando se practica la inclusión. Actúalo hasta que te convenzas.
- A medida que amas a las personas con la acción, llegas a amarlas con la emoción.
- Ninguna persona que viva en una prisión de prejuicios puede ser verdaderamente feliz o libre.

PREGUNTAS CLAVE

- ¿Tratas a las personas que consideras de menor estatus de forma diferente a las de mayor estatus? En caso afirmativo, ¿por qué?
- En el arco de cada vida hay momentos en los que la seguridad de inclusión marca la diferencia, cuando alguien te tiende la mano para incluirte en un momento vulnerable. ¿Cuándo te ha ocurrido eso? ¿Qué impacto tuvo en tu vida? ¿Lo estás devolviendo?
- ¿Cómo reconoces y muestras sensibilidad y aprecio por las diferencias culturales que existen en tu equipo?
- ¿Te sientes superior a otras personas? Si es así, ¿por qué?
- ¿El principio moral de inclusión es una verdad conveniente o inconveniente para ti?
- La unidad social básica de la familia es el principal laboratorio para adquirir una verdadera educación cívica sobre seguridad de inclusión. ¿Lo aprendiste en tu familia? Si no es así, ¿pretendes ser una figura transformadora en tu familia y ser un ejemplo de seguridad de inclusión para la siguiente generación?
- ¿Qué prejuicios conscientes tienes? Pregunta a un amigo de confianza dónde puedes tener prejuicios inconscientes. Por último, ¿dónde ejerces formas sutiles de exclusión para mantener las barreras?
- ¿A qué individuo o grupo te cuesta incluir, aunque no te haga ningún daño real? ¿Por qué?

Seguridad de aprendizaje

El verdadero aprendizaje se da cuando el espíritu competitivo ha cesado.

—JIDDU KRISHNAMURTI

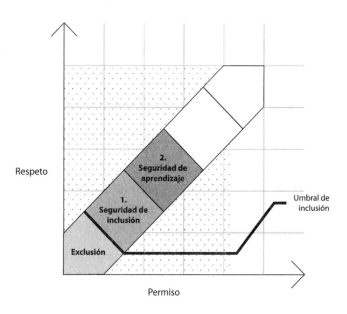

Figura 6. La segunda etapa en el camino hacia la inclusión y la innovación.

La necesidad humana de aprender y crecer

En la segunda etapa de la seguridad psicológica, cambiamos nuestro enfoque de la condición humana a la necesidad humana, en este caso la necesidad humana innata de aprender y crecer, de participar en todos los aspectos del proceso de aprendizaje sin miedo a ser rechazado o ignorado (figura 6, página anterior).

Piensa que en los Estados Unidos de América un estudiante abandona el instituto cada veintiséis segundos.[1] ¿Crees seriamente que estos estudiantes abandonan el instituto porque no tienen el ancho de banda mental para hacer el trabajo? Salvo aquellos que pueden sufrir una legítima discapacidad de aprendizaje, la mayoría de estos estudiantes tienen una amplia capacidad para aprender, graduarse y tener éxito en todos los aspectos de la vida personal y profesional. La mayoría abandona los estudios porque se quedan atrás, porque carecen de apoyo parental en casa y porque encuentran un entorno de aprendizaje apático en el instituto.[2]

> **Concepto clave:** La verdadera definición de la desolación es que a nadie le importe que fracases.

Los investigadores han llamado «fábricas de abandono» a los casi dos mil institutos de Estados Unidos que sufren tasas de abandono crónicamente altas.[3] Cuando observamos de cerca estos centros vemos un patrón de abandono. Más que nada, estos estudiantes que fracasan se vuelven emocionalmente distantes. Con el tiempo pierden la confianza, se sienten derrotados y abandonan. La indiferencia y la falta de validación secuestran su sentido de la identidad. El miedo que se apodera de ellos crece desde dentro hasta que creen literalmente que no pueden hacerlo. En su estado de abandono, nadie acude a su rescate.

Concepto clave: En casi todos los casos, los padres y las escuelas fallan a los alumnos antes de que estos se fallen a ellos mismos.

Pregunta clave: ¿Cuántos estudiantes conoces que prosperan académicamente mientras sufren emocionalmente?

Existen tres patrones de peligro emocional que inducen al miedo y que eliminan la seguridad del aprendiz y crean un estado de riesgo: (1) la negligencia, (2) la manipulación y (3) la coerción. Las escuelas y aulas que fracasan tienden a mostrar el primer patrón de negligencia. ¿Y el lugar de trabajo? Cuando los empleados se desentienden y se refugian en el silencio, suelen responder a un entorno hostil y abusivo. El miedo es el resultado del ridículo, el acoso, las amenazas y la intimidación. Estos comportamientos que inducen al miedo tienden a ajustarse a un patrón de manipulación y coerción.

Hace poco pasé un día con un equipo sin voz ni voto. He trabajado con muchos equipos y he aprendido que el silencio anormal suele ser una indicación de que el equipo ha sido neutralizado por su líder. En este caso, estábamos haciendo una planificación a largo plazo, pero nadie quería hablar. El instinto de autocensura dominaba la sala, lo que es una señal de que la gente está gestionando el riesgo personal por miedo. El equipo acababa de fracasar en un gran proyecto y sus miembros estaban sufriendo los efectos del período de esa experiencia. Pero no era el fracaso lo que dolía, era el desprecio del líder lo que helaba al equipo. Guardar silencio es una respuesta normal a ser rechazado, humillado o castigado de alguna manera. Los miembros del equipo se desentienden porque no tienen voz.

Lo alarmante es cuando se tolera el abuso. El líder de este equipo estaba desfigurando emocionalmente a la gente y nadie quiso desenmascarar la ficción de que el comportamiento de este tipo era aceptable. No era más que un acosador contra la igualdad de oportunidades. Después de la reunión mantuve una conversación con uno de los miembros del equipo y le pregunté si el líder siempre actuaba así. Me confirmó que sí. Al ver una oportunidad de hablar de la dinámica del poder, le pregunté: «¿Por qué lo aguantáis?». Entonces llegó la respuesta: «Simplemente nos hemos acostumbrado».

> **Concepto clave**: Mientras que la escuela insegura es probablemente una cuna de negligencia, el lugar de trabajo inseguro es probablemente un refugio del ridículo.

En lo que respecta a la baja seguridad psicológica, la escuela que falla no se preocupa por los individuos ni por su rendimiento. El lugar de trabajo que fracasa tampoco se preocupa por los individuos, pero sí tiene interés en su rendimiento. Ambos son perjudiciales, pero de forma diferente. Por último, las familias emocionalmente inseguras muestran comportamientos de todo tipo. Vemos negligencia en algunas, manipulación en otras y cruda coacción en los casos más desafortunados.

Concepto clave: Un entorno de aprendizaje hostil, ya sea en casa, en la escuela o en el trabajo, es un lugar en el que el miedo provoca el instinto de autocensura y cierra el proceso de aprendizaje.

En una clase basada en el miedo, los alumnos derrotados abandonan y los confiados agachan la cabeza. Ocurre lo mismo en el lugar de trabajo: el mejor trabajador se va porque tiene otras opciones; el trabajador mediocre se queda porque no las tiene. Mientras tanto, la productividad se ve afectada. Por último, en una familia emocionalmente disfuncional, independientemente del patrón de esa disfunción, los niños se marchitan emocionalmente y tienden a desmoronarse académicamente.

Concepto clave: Cuando el entorno castiga en lugar de enseñar, ya sea mediante negligencia, manipulación o coerción, los individuos se vuelven más defensivos, menos reflexivos y menos capaces de autodiagnosticarse, autoentrenarse y autocorregirse. Esto introduce el riesgo de un verdadero fracaso: no seguir intentándolo.

Cuando existe seguridad del aprendiz, el líder crea un proceso de aprendizaje con poca fricción social y poco gasto emocional. Esto requiere niveles de respeto y permiso que van más allá de la seguridad de inclusión, porque el proceso de aprendizaje en sí mismo introduce más riesgo, más vulnerabilidad y más exposición potencial al daño social y emocional.

Con la seguridad de inclusión, no hay ningún requisito de participación activa más allá de ser humano y cortés, pero con la seguridad del aprendiz debes exponerte a hacer preguntas, solicitar retroalimentación, aportar ideas, experimentar, cometer errores e incluso fracasar. Naturalmente, uno mira a su alrededor y hace un cálculo de riesgo/recompensa en su cabeza: «Si hago esa pregunta, pido ayuda, hago una sugerencia, admito que no sé o cometo un error, ¿qué me costará? ¿Podré ser yo mismo? ¿Pareceré estúpido? ¿Me juzgarán? ¿Se reirá la gente? ¿Me ignorarán? ¿Perjudicaré mis perspectivas? ¿Dañaré mi reputación?». En cada contexto de aprendizaje, conscientemente o no, evaluamos el nivel de riesgo interpersonal que nos rodea.

La tabla 2 añade la definición de respeto y permiso, así como el requisito de intercambio social, para la seguridad de los aprendices.

Tabla 2. **Etapa 2: Seguridad del aprendiz**

Etapa	Definición de respeto	Definición de permiso	Intercambio social
1. Seguridad de inclusión	Respeto por la humanidad del individuo	Permiso para que la persona interactúe contigo como ser humano	Inclusión a cambio de un estatus humano y la ausencia de daños
2. Seguridad del aprendiz	Respeto por la necesidad innata del individuo de aprender y crecer	Permiso para que el individuo participe en todos los aspectos del proceso de aprendizaje	Estímulos para aprender a cambio de compromiso en el proceso de aprendizaje

A la necesidad universal de ser reconocido añadimos la necesidad universal de aprender y crecer. El permiso en este caso es el permiso para que el individuo se involucre en todos los aspectos del proceso de aprendizaje. La seguridad de inclusión requiere que seamos corteses con los demás, pero con la seguridad de aprendizaje añadimos otro intercambio social. Si doy seguridad a un individuo, quiero y espero que se esfuerce por aprender. Si yo soy el aprendiz, espero que el líder, el profesor, el entrenador o los padres me apoyen en el proceso de aprendizaje. Es un estímulo para aprender a cambio de un compromiso para aprender.

Concepto clave: El imperativo moral para garantizar la seguridad del aprendiz es actuar primero animándole a aprender. Sé el primero en actuar.

Sí, los aprendices deben poner de su parte para participar en el proceso de aprendizaje, pero a veces no saben cómo hacerlo o no tienen la confianza necesaria para intentarlo. Las personas a veces no están preparadas o son incapaces de hacer el esfuerzo que requiere el aprendizaje. No creen que puedan aprender y pueden estar paralizadas por fracasos o situaciones de vergüenza anteriores. En este caso, no podemos esperar que los aprendices inicien el esfuerzo de aprender cuando la experiencia les ha enseñado que el riesgo es demasiado grande.

Si entraras en un aula media de un instituto con dificultades y te pusieras a cargo de la clase, ¿qué esperarías de los alumnos? ¿Compromiso, energía, concentración, confianza, autoeficacia? No, ¡empezarías por la esperanza! Debes recordar que no obligamos a aprender, sino que invitamos a ello. El clima que creamos alimenta el deseo y la motivación de aprender. En un entorno ideal, la seguridad del aprendiz es dar y recibir ideas, observaciones, preguntas y debates. Para que los líderes se encuentren con los alumnos donde están, es posible que tengan que retroceder y comenzar a proporcionar la seguridad de inclusión que ha estado ausente. Todavía no he visto la seguridad de aprendizaje cuando la seguridad de inclusión está ausente. Una se basa en la otra.

> **Pregunta clave**: ¿Has tenido alguna vez un profesor que tuviera más confianza en tu capacidad de aprendizaje que tú? ¿Cómo influyó eso en tu motivación y esfuerzo?

Permíteme recalcar que conceder seguridad de aprendizaje no es un acto pasivo. Cuando la concedemos, nos comprometemos a crear un entorno de apoyo y estímulo, a ser pacientes con ellos, a modelar un aprendizaje eficaz y a compartir el poder, el crédito y los recursos para que todos puedan aprender. La parte del contrato social que corresponde al aprendiz es diferente. El aprendiz espera, si no desea, encontrar un entorno de apoyo y estímulo, pero no se compromete a nada por adelantado porque el aprendizaje es un proceso cargado de riesgos personales. Los aprendices rara vez se esfuerzan por aprender si no hay seguridad para ellos. Es el principio de «constrúyelo y ellos vendrán». Si no lo construyes, puede que vengan, pero no aprenderán.

Desconectar el miedo a los errores y al fracaso

Si entras en el gimnasio del instituto Lone Peak de Highland (Utah) el segundo sábado de mayo, verás un océano de sillas.

El gimnasio se ha transformado en un aula gigante y más de trescientos estudiantes están sentados para el examen nacional de cálculo. Piensa en esto: si observas el panorama académico del instituto, el pico más alto, el Everest de todos, es el cálculo. Y, sin embargo, a pesar del factor del miedo, la demanda del curso de cálculo por parte de los estudiantes se ha disparado en este instituto. ¿Por qué hay tanto apetito por este curso tan exigente?

El culpable es Craig B. Smith, un ingeniero eléctrico que llegó a las aulas en 2007, reconvertido tras una exitosa carrera en ExxonMobil y otras organizaciones comerciales.[4] Craig imparte siete clases seguidas de cálculo con una media de treinta y cuatro alumnos. He pasado varias horas entrevistando a Craig y a sus alumnos y observando su clase. En lugar de encontrarme con un educador cansado y rendido ante los problemas de la educación secundaria estadounidense, me encuentro con un hombre rebosante de entusiasmo por sus alumnos y su oficio. Oficialmente, Craig enseña cálculo. Extraoficialmente, preside un laboratorio de liderazgo con una mezcla de entrenador, consejero de duelo y enfermero de triaje. Un auténtico fuera de serie, Craig está ampliamente considerado como uno de los mejores profesores de matemáticas de secundaria del país. A juzgar por los datos normalizados de la Oficina de Educación del Estado de Utah, puede que sea el mejor.

En 2006, el año antes de que Craig empezara a enseñar cálculo, 46 estudiantes de cada mil hicieron el examen de cálculo en el instituto Lone Peak. Ocho años más tarde, en 2016, 160 estudiantes de cada mil hicieron ese mismo examen (un salto de casi el 250 %), en comparación con los 34 estudiantes de cada mil en todo el estado. La tasa de participación actual es un 800 % más alta que la media nacional. ¿Y el rendimiento? En 2006, 13 estudiantes de cada mil en Lone Peak aprobaron el examen estandarizado de cálculo administrado por el College Board, en comparación con una tasa un poco más alta de 22 por cada mil entre los estudiantes de todo el estado. En 2014, la tasa estatal de aprobados por cada mil seguía estancada en 22, mientras que la tasa de aprobados de los estudiantes de Craig se disparó hasta el 114 de cada mil, un impresionante aumento del 777 %. Una cosa es hacer una mejora constante e incremental y otra muy distinta es diseñar una transformación radical. En una época en la que los adolescentes estadounidenses ni siquiera se sitúan entre los 20 primeros países en desarrollo en cuanto a rendimiento en matemáticas, los logros de Craig son asombrosos.

Comienza con una idea preconcebida muy importante, un prejuicio rígido, un prejuicio inflexible: «todos los alumnos pueden aprender cálculo». Su *dojo* de matemáticas es un centro de desarrollo personal que rechaza la idea de que la capacidad de aprendizaje es fija o se implanta al nacer.[5] «Intento no juzgar nunca la aptitud o el esfuerzo de un alumno». Craig afirma que los alumnos lentos no son estudiantes menos inteligentes. Simplemente asimilan a un ritmo más lento, por lo que su atención se centra en el esfuerzo del alumno y no en su aptitud. Esa capacidad de resistirse a hacer juicios discriminatorios de las capacidades de los alumnos es una habilidad, pero también es una capacidad moral, una que muchos profesores no tienen la disciplina de desarrollar. Muchos profesores emiten juicios de aptitud y comienzan a clasificar y asignar valor a sus alumnos inmediatamente. Como observa el investigador Daniel Kahneman, ganador del Premio Nobel, «uno tiende a formarse una impresión global a menos que haga un esfuerzo especial para no formarse una impresión global».[6] Craig empezó a reprimir ese impulso natural hace años.

Pregunta clave: Cuando empiezas a trabajar con gente nueva, ¿juzgas su aptitud inmediatamente o reprimes ese impulso?

El legendario C. Roland Christensen, de la Harvard Business School, se hizo eco de la misma conclusión: «Creo en el potencial ilimitado de cada estudiante. A primera vista van, como los instructores, de mediocres a magníficos. Pero el potencial es invisible a la mirada superficial. Hay que tener fe para discernirlo, pero he sido testigo de demasiados milagros para dudar de su existencia. Ahora veo a cada alumno como "material para una obra de arte". Si tengo fe, una fe profunda, en las capacidades de creatividad y crecimiento de los alumnos, es increíble cuánto podemos lograr juntos. Si, por el contrario, no creo en ese potencial, mi fracaso siembra la duda. Los alumnos leen nuestras señales negativas, por muy cuidadosamente disimuladas que estén, y se alejan del riesgo creativo hacia lo "simplemente posible". Cuando esto ocurre, todos perdemos».[7]

En psicología social hay una línea de investigación dedicada a lo que se llama la teoría de la amenaza del estereotipo, que dice que cuando estamos sometidos a un estereotipo negativo tendemos a conformarnos con él. En otras palabras, las etiquetas limitan. También pueden ampliar y magnificar. En el caso de los estereotipos negativos, el mero hecho de ser conscientes de que se puede formar parte de uno de ellos puede motivarnos a conformarnos con la limitación invisible. Los estereotipos sobre la raza, el sexo, la edad, la imagen corporal y la capacidad de aprendizaje pueden ejercer un importante daño psíquico sobre sus destinatarios. Como señala Claude Steele, la amenaza de los estereotipos puede provocar «baja autoestima, bajas expectativas, baja motivación, dudas sobre uno mismo». [8]

> **Concepto clave**: Las expectativas determinan el comportamiento en ambas direcciones. Cuando se pone el listón alto o bajo, la gente tiende a saltar alto o bajo.

Los estereotipos también pueden influir en los individuos para que se esfuercen por alcanzar niveles más altos de rendimiento. Craig ayuda a los estudiantes a deshacerse de cualquier daño psíquico que un estereotipo perjudicial pueda estar infligiendo. Cada año los estudiantes llegan con la convicción de que son malos en matemáticas y cada año esos mismos estudiantes aprueban el examen nacional de cálculo.

A la creencia de que todo el mundo puede aprender cálculo, Craig añade la condición previa de la seguridad de aprendizaje. Como él mismo explica, «no puedo enseñar a los alumnos si no me gustan. No pueden gustarme si no los conozco y no puedo conocerlos si no hablo con ellos». Por eso dedica la primera clase de cada trimestre a no hacer otra cosa que aprenderse los nombres de sus alumnos y a saber un poco sobre sus vidas. Después, todo el mundo se pone a trabajar, pero él sigue teniendo en su tiempo de clase pequeños puntos de contacto personales con cada alumno. Comienza cada clase hablando con cada estudiante para reconocerlo individualmente y para comprobar que ha completado los deberes.

En mis observaciones en el aula, observo que Craig alterna entre dar la clase y el debate. [9] La coreografía parece no suponer ningún esfuerzo, creando una sensación de intensidad relajada y una ausencia total de miedo, inhibición o formalidad. Craig enseña un concepto en forma de conferencia y luego hace una serie de preguntas en forma de debate para comprobar la comprensión. Utiliza un sistema de puntos de participación que refuerza las preguntas a medida que los estudiantes navegan por un viaje emocional e intelectual de pequeñas victorias y derrotas. «Una respuesta errónea es tan buena como una respuesta correcta, siempre que se sepa el porqué», afirma.

> **Concepto clave**: El fracaso no es la excepción, es la expectativa y el camino que hay que seguir. Habrá desánimo antes que descubrimiento.

De hecho, si lo intentas de verdad, no debería haber ningún estigma, ni vergüenza, ni pudor asociado al fracaso. Es simplemente un peldaño. Deberíamos recompensar el fracaso porque no es un fracaso: es un progreso. El análisis del fracaso es a menudo más valioso que el del éxito. En consonancia con este principio, Craig ha desmontado la idea convencional de que la repetición de los exámenes, la práctica de permitir a los estudiantes volver a hacer un examen si lo hacen mal, no funciona. «Es un poco más de trabajo para el profesor», observa Craig. «Está claro que repetir los exámenes funciona, así que doy infinitas oportunidades. Si estás dispuesto a trabajar, siempre hay piedad. Puedes volver a intentarlo».

Craig invita a los alumnos a aprender sin añadir miedo a una asignatura que ya crea el suyo propio. Reconoce que los estudiantes que están angustiados emocionalmente (ansiosos, enfadados o deprimidos) tienen problemas cognitivos y no aprenden bien, por lo que fomenta un clima retador y a la vez nutritivo de seguridad de aprendizaje para reducir drásticamente el riesgo de aprendizaje. «En la clase del Sr. Smith no hay vergüenza», dijo un alumno. «Nunca te sientes tonto, incluso cuando no entiendes algo».

Preguntas clave: ¿Tu equipo castiga el fracaso? ¿Castigas tú el fracaso?

La seguridad de aprendizaje requiere un bajo nivel de ego y una inteligencia emocional excepcionalmente alta, rasgos que Craig posee en abundancia. Es un hombre de gran calidez que busca claramente bendecir a sus alumnos en lugar de impresionarlos. No es competitivo, combativo ni punitivo. No está ahí para pontificar, mostrar su brillantez o batirse en duelo con sus alumnos. En cambio, muestra paciencia y humildad intelectual. Quizá lo más visible de todo sea la forma en que supervisa tanto el contenido como el contexto. Ha desarrollado una aguda sensibilidad social para interpretar las señales no verbales de los alumnos. Domina este lenguaje, lo que le permite estar en sintonía con el progreso cognitivo y emocional de los alumnos, de modo que nunca pasa por encima de ellos. [10]

«Nunca se muestra molesto o irritado cuando le haces una pregunta», dice otro alumno. «Se arrodilla junto a tu mesa, averigua lo que sabes y te ayuda a partir de ahí. Pero no te da la respuesta. Tienes que explicar dónde y por qué estás atascado».

Pregunta clave: ¿Aprendes tanto o más de tus fracasos que de tus éxitos?

«Cálculo no es una asignatura fácil», dice Craig. «También reconozco que muchos de mis alumnos no volverán a utilizar el cálculo. Lo que tratamos de hacer es construir estudiantes seguros de ellos mismos, mentalmente tenaces y sin miedo, que estén preparados para la vida. El viaje te hace responsable. Te hace esforzarte. Te hace sentirte bien contigo mismo. Sí, enseño cálculo. Pero lo más importante es que enseño a los alumnos».

¿Craig entiende el cálculo mejor que otros profesores de cálculo? ¿Es esta la fuente de su ventaja competitiva? Está claro que no. Basándose en su extraordinaria capacidad de percepción y en su habilidad para evitar la indiferencia emocional, ha dominado el arte de dar forma al contexto social, emocional y cognitivo, creando un «lugar limpio y bien iluminado» en el que todo alumno puede prosperar.[11] Esto es la seguridad de aprendizaje.

Lo intelectual y lo emocional

La capacidad de una persona para aprender requiere mantener la concentración, gestionar los impulsos y evitar las distracciones. Los investigadores utilizan términos como «estado de flujo», «metacognición», «función ejecutiva», «esfuerzo efectivo» y «alto compromiso» para describir lo que hacen los buenos aprendices. Estos términos se refieren al sistema de control atencional o cognitivo de supervisión.

Si algo hemos aprendido sobre el aprendizaje, es que no es un proceso aislado, racional, frío, seco y mecánico. La emoción está anidada en la razón y la razón, en la emoción. La cognición y el afecto están inseparablemente conectados. Antes de ir a Oxford hice un máster en la Universidad de Utah. Mi asesor era un politólogo de prestigio internacional llamado John Francis. Me ayudó a prepararme académicamente para Oxford derramando tinta roja por todos mis trabajos. Me presionó, me exigió y me puso a prueba. Había una clase en la que estaba completamente exasperado porque nunca conseguía sacar un sobresaliente en un trabajo. Me sentaba con John en su despacho y repasaba sus correcciones y siempre me iba con una frustración persistente, pero queriendo a este hombre. Había una bonita rareza en el proceso que me motivaba a duplicar mis esfuerzos. Me estaba volviendo loco, pero no me desentendía. Al conectar conmigo personalmente, le di permiso para que me presionara.

Pregunta clave: ¿Has tenido algún profesor en tu vida que haya creado seguridad del aprendiz y te haya empujado a un nuevo nivel de rendimiento?

¿Y qué hacía en el aula? Compartía el poder a través del debate. John es un hombre brillante, pero en sus cursos había poca didáctica y cero pedantería. Una clase tradicional es autoritaria. John optaba por un enfoque más democrático y colaborativo en el que aprendíamos juntos. Esto, por supuesto, creaba más riesgo para los estudiantes porque teníamos más responsabilidad de enseñarnos unos a otros, pero de esa propiedad conjunta surgía una inversión emocional más profunda y una mayor disposición a asumir riesgos en el proceso de aprendizaje.

Un líder solo puede mantener una cultura de aprendizaje si minimiza la vulnerabilidad de forma sistemática mediante un patrón consistente de respuesta emocional positiva. [12] La gente quiere ver cómo reaccionas ante las críticas y las malas noticias. Si escuchas atentamente, respondes de forma constructiva y transmites aprecio, los participantes absorben estas señales y calculan su participación en consecuencia.

Concepto clave: La señal más importante a la hora de conceder o negar la seguridad de aprendizaje es la respuesta emocional del líder a la crítica y a las malas noticias.

Como profesor, John dominaba la integración de los sistemas cognitivo y afectivo. Si se pierde el compromiso emocional, el compromiso intelectual se ralentiza o no se produce en absoluto. La gente aprende más de la gente que quiere que de la que no quiere.

Concepto clave: Los humanos procesan social, emocional e intelectualmente al mismo tiempo.

El aprendizaje no es el funcionamiento de un centro de datos independiente y desapasionado; es una interacción entre la cabeza y el corazón. Otro testigo, y tal vez nuestra mayor fuente de pruebas de la necesidad de la seguridad de aprendizaje, es Internet, la tecnología educativa y la democratización del aprendizaje. Las barreras al aprendizaje que se han mantenido firmes durante milenios están cayendo. La escalabilidad infinita de Internet permite a cualquiera acceder a los mejores contenidos y a los mejores profesores del mundo. Todo lo que se necesita es un dispositivo inteligente y acceso a Internet. A medida que caen las barreras tradicionales de acceso, coste y calidad, teóricamente deberíamos ver un aumento del aprendizaje en todas las poblaciones. Mi hija puede ir a la academia Kahn para que la ayuden con el álgebra lineal; mi hijo puede ver un breve vídeo de TED sobre la historia del queso; y yo puedo ir a edX para ver a Michael Sandel impartir un curso sobre justicia. No cuesta nada y está a la carta.

Con Internet puedes aprender lo que quieras, cuando quieras y donde quieras. Es el gran ecualizador, excepto por una cosa: necesitas concentración y motivación, y ahí está el problema. Hemos entrado en una época de oportunidades sin precedentes para la mejora humana, en la que el reto ya no es el tiempo y el acceso, sino el deseo y la disciplina. La tecnología educativa ha creado un renacimiento del aprendizaje, pero está dejando atrás a millones de personas que carecen del interés, la confianza y el impulso necesarios para participar, en gran medida porque se les ha privado de la seguridad de aprendizaje. Los seres humanos aprenden en un contexto, no de forma aislada, y están continuamente influenciados por ese contexto. Cuando el contexto de aprendizaje es alentador, se aprovecha el impulso de la curiosidad. Además, el nivel de seguridad de aprendizaje determina directamente la forma en que interactúan. «El grado y la calidad de la participación de los alumnos en los cursos de simulación interprofesional», escribe la científica social holandesa Babette Bronkhorst, «está influenciado por la autoeficacia y la percepción de la seguridad psicológica del entorno de aprendizaje. Los que se sienten seguros están mucho más dispuestos a actuar al límite de sus conocimientos para experimentar, resolver problemas difíciles y a reflexionar sobre su actuación».[13]

La seguridad de aprendizaje es una condición previa que crea la curiosidad y la voluntad de ser valiente en el aprendizaje personal. Bill Gates dijo: «Las personas que son tan curiosas como yo estarán bien en cualquier sistema. Para el estudiante automotivado, estos son los días de oro. Me gustaría estar creciendo ahora. Envidio a mi hijo. Si él y yo estamos hablando de algo que no entendemos, simplemente vemos vídeos y leemos artículos, y eso alimenta nuestro debate. Por desgracia, el estudiante muy curioso es un pequeño porcentaje de los niños». [14]

Gates dice que solo un pequeño porcentaje de niños son muy curiosos, pero fíjate en lo que hace con su propio hijo. Se pone rodilla con rodilla y hombro con hombro y aprenden juntos. Establece una conexión emocional con su hijo para alimentar la exploración intelectual. Es asombroso lo rápido que se puede encender la curiosidad y la motivación para aprender cuando alguien crea un entorno propicio para la seguridad de aprendizaje.

Pregunta clave: ¿Cuándo fue la última vez que creaste un entorno de aprendizaje que alimentara la curiosidad y la motivación de otra persona?

Recuerda que el ser humano busca instintivamente la seguridad de aprendizaje antes de emprender el proceso del mismo. Si sabes que vas a ser ridiculizado si haces una pregunta, el instinto de autocensura acallará ese impulso y te hará pasar a una rutina defensiva. Los líderes confiables tienen acceso. A los líderes poco confiables se les prohíbe la entrada. Cuando se trata de la seguridad de aprendizaje, es el aprendiz el que tiene la última palabra.

Concepto clave: Protegemos nuestro yo social y emocional con sofisticados sistemas de vigilancia personal.

De Tonga a Filadelfia

Veamos la historia de mi compañero de equipo de fútbol universitario Vai Sikahema. Su familia llegó a suelo americano desde la nación insular de Tonga cuando él tenía ocho años. Se instalaron en Mesa (Arizona), donde el padre de Vai encontró trabajo como conserje. Al no haber programas de inglés en su escuela, Vai se sentaba al fondo de la clase, escuchando, pero sin entender.

«Me sentía tan vulnerable y amenazado», dijo, «que no admitía que el inglés era mi segunda lengua. Me avergonzaba mi cultura, mi idioma e incluso mi nombre. Solo quería un nombre normal que la gente pudiera pronunciar y del que no se burlara. Y hay que entender que me estaba acostumbrando a llevar zapatos».

Vai se decantó por deportes como el boxeo y el fútbol, en los que sus dotes físicas le dieron recompensas inmediatas y definieron un camino para su integración social y cultural. Sus padres le proporcionaron un entorno cariñoso, pero con una educación limitada y sin experiencia para apoyarle académicamente, Vai se quedó muy atrás. Dado que la educación formal era un territorio desconocido, los padres de Vai se dejaron guiar por los entrenadores del instituto, que le orientaron hacia las becas deportivas, sin hacer más que un guiño a sus estudios. En consecuencia, Vai tomó la mayor parte de las clases del instituto de mano de los entrenadores y su mayor aspiración fue mantener el mínimo promedio académico para mantener su elegibilidad para jugar al fútbol.

A medida que pasaban los años, la diferencia académica se ampliaba excepto en una asignatura: el inglés. Vai tenía una profesora de inglés en el instituto llamada Barbara Nielsen. Tras observar a Vai en su clase, se dio cuenta inmediatamente de sus deficiencias en lectura, escritura y habla: a los quince años leía a un nivel de quinto de primaria, cinco años por detrás de sus compañeros. Barbara llamó a los padres de Vai y acordó ir a su casa todos los sábados para practicar la lectura. Y no se quedó ahí: puso a Vai en la plantilla del periódico estudiantil, donde acabó desarrollando su habilidad con la lengua inglesa y aprendió a escribir artículos. Semana tras semana, ella acudía a su casa y leían *Grandes esperanzas* y *Matar a un ruiseñor*. Vai leía y Barbara le hacía preguntas. Él no lo sabía en ese momento, pero la seguridad de aprendizaje que Barbara creó se convertiría en una influencia reconfortante y en la base del cambio en su vida que sustentaría sus futuros esfuerzos de aprendizaje en los años venideros.

A los quince años, Vai tenía un déficit de aprendizaje de cinco años en comprensión lectora, pero tenía un déficit mucho mayor en matemáticas y ciencias. Esa brecha nunca se cerró. Mientras tanto, sobresalió en el fútbol americano y aceptó una beca de la NCAA para ir a la Universidad Brigham Young. Vai estudió mucho, pero la determinación por sí sola no pudo cerrar la enorme brecha de aprendizaje en matemáticas y ciencia.

Concepto clave: La determinación por sí sola no cerrará la brecha de aprendizaje. La seguridad de aprendizaje es esencial.

Después de suspender su clase de Ciencias Físicas básicas y de ir mal en otras clases, empezó a perder la confianza en sí mismo. Finalmente, descartó la posibilidad de obtener un título universitario. En su lugar, se centró en seguir siendo elegible para jugar al fútbol, tomando una variedad de cursos básicos. Antes de dejar la BYU, suspendió Ciencias Físicas cinco veces y nunca eligió una rama principal. Como él mismo dijo, «solo intentaba aguantar».

Vai se convirtió en el primer estadounidense de origen tongano que jugó en la Liga Nacional de Fútbol Americano, formó parte de tres equipos durante ocho temporadas y fue nombrado dos veces en el Pro Bowl. Ocho años más tarde Vai se retira de la NFL y es contratado por el WCAU, la emisora de televisión de Filadelfia perteneciente a la CBS, para presentar los deportes del fin de semana. Más tarde, la emisora es vendida a la NBC y Vai pasa a trabajar entre semana y luego se convierte en presentador de noticias matutinas y director de deportes de la emisora. Tener un pedigrí de la NFL era algo bueno, pero ¿dónde y cómo aprendió Vai el periodismo televisivo, y qué le dio el ánimo para intentarlo? El secreto poco conocido es lo que Vai eligió hacer durante su temporada baja. Iba a la cadena de televisión local y pedía trabajar como becario. «Aprendí a hacer café, a coger dónuts y a romper guiones. Me dieron pequeñas oportunidades para trabajar en mi dicción. Tenía que demostrar a la gente que no estaba por encima de arremangarme y hacer cosas que los atletas profesionales no harían normalmente».

Vai superó con creces la carrera media de la NFL de 3,3 años, pero sabía que llegaría a su fin. Con cuatro hijos y sin título, también sabía que tenía que hacer algo para prepararse para el futuro. «Tuve muchos mentores en el camino, pero tengo que decir que gran parte de la motivación para aprender este negocio se remonta a la señora Nielsen. Ella plantó una semilla en mí cuando tenía quince años y nunca murió». Para poner un broche de oro a su insólito viaje, Vai se matriculó en una universidad local de Filadelfia y obtuvo un sobresaliente en Ciencias Físicas básicas.

«No hay ninguna relación», afirma Carol Dweck, de Stanford, «entre las capacidades o la inteligencia de los estudiantes y el desarrollo de cualidades orientadas al dominio. Algunos de los estudiantes más brillantes evitan los retos, no les gusta el esfuerzo y se debilitan ante las dificultades. Otros de los estudiantes menos brillantes son muy ambiciosos, prosperan con los retos, tienen una intensa persistencia cuando las cosas se ponen difíciles y consiguen más de lo que podrías esperar».[15] Lo que Dweck no menciona es el papel crucial que desempeña el entorno en todo esto. Así, el intercambio social de estímulo por compromiso que define la seguridad de aprendizaje. No puedo decir que conozca a una sola persona que haya superado las adversidades de la vida sin alguna ayuda. Siempre hay alguien que desempeña un papel fundamental, como hizo la señora Nielsen con Vai. En este caso, ella sembró su influencia pronto, y esa influencia lo alentó hasta ser casi indiferente al fracaso. Un momento de reflexión revela que la verdadera fórmula del éxito es trabajar duro y recibir ayuda. Y cuando un individuo comienza el camino de la vida con desventajas, la seguridad de aprendizaje puede convertirse en el gran ecualizador.

Pregunta clave: ¿Puedes pensar en una persona que haya desempeñado un papel fundamental en tu vida creando seguridad del aprendiz y que haya creído en tu capacidad para aprender?

La desmercantilización de las personas en las organizaciones

Los equipos directivos de muchas organizaciones siguen estando poblados por *baby boomers* que apenas aguantan, que tratan de evitar que algo bloquee su carrera antes de llegar a la jubilación, se aferran a viejas habilidades de otra época, se sienten inmovilizados y reconocen públicamente el nuevo mundo, pero en privado no quieren aprender en él.

¿Por qué hacen esto? Se quedaron atrás y ahora están atrapados entre dos mundos. Crecieron en un mundo que se obsesionó con las máquinas que proporcionaban la automatización, la producción en masa y las economías de escala y no prestaron mucha atención al capital humano, especialmente al suyo propio.

El capital humano lo es todo. Sin embargo, Steve Kerr, la primera persona en llevar el título de director de aprendizaje, fue nombrado para ese puesto en General Electric por el entonces director general Jack Welch en 1994. El reconocimiento del individuo como fuente de capacidad productiva fue un proceso lento y evolutivo. La mentalidad predominante era que solo una pequeña parte de la población de una organización podía aprender y contribuir como trabajadores del conocimiento. Los dirigentes partían de la base de que había partes pensantes y no pensantes en la empresa. Influenciadas por el trabajo de Frederick Winslow Taylor, las organizaciones restringían y compartimentaban el trabajo humano medido en términos de productividad bruta basada en tareas. La parte no pensante de la organización ni siquiera se tuvo en cuenta por su producción creativa, una mentalidad sumida en siglos de prejuicios que nos hizo ciegos ante el potencial de las personas.

Concepto clave: La mente prejuiciosa es voluntariamente ciega.

Incluso dentro de la parte pensante de la organización la mentalidad enfatizaba el aprendizaje de una sola vez que brindaba calificación permanente. Este modelo heredado de la era industrial se apoyaba en un principio básico que valoraba los activos y mercantilizaba como recursos a las personas. A pesar de que los conductistas organizativos aparecieron en escena en la última parte del siglo xx, el legado de la jerarquía y el énfasis basado en las normas sobre la responsabilidad y el control interno siguieron siendo el centro de atención.

Piensa en ese legado en el contexto actual. El ascenso y descenso natural de la ventaja competitiva no es nada nuevo. Lo que sí es nuevo es la duración media de ese ascenso y descenso. Es mucho más corta. A medida que esa tendencia continúa, el aprendizaje se vuelve más importante para el éxito, porque la vida media del conocimiento de una organización refleja su estrategia competitiva. Una compresión general de los períodos de tiempo desplaza naturalmente la fuente de la competitividad continua hacia el aprendizaje. Un ciclo competitivo es un ciclo de aprendizaje. O se aprende y se reestructura para mantener la competitividad o se corre el grave riesgo de la irrelevancia.

Solíamos pensar en el aprendizaje como algo discreto y basado en eventos, algo que se desencadenaba por un problema o una pregunta. Ahora es continuo y está integrado en el flujo de trabajo. En consecuencia, cada vez es más difícil separar el aprendizaje de la producción, ya que la adquisición de conocimientos y la creación de valor están entrelazadas. La línea entre ambos procesos es más delgada que nunca, ya que los individuos van y vienen en tiempo real. Las tecnologías de procesos acabarán integrándose con los sistemas de aprendizaje y gestión del talento para facilitar una integración más perfecta del flujo de trabajo y el aprendizaje.

El peligro es creer que la tecnología es la salsa secreta que puede liberarte en tu intento de ser una organización de aprendizaje. Esta fe exagerada en el poder de la tecnología es lo que Richard Florida denomina «tecno-utopismo».[16] Por muy impresionantes que sean los avances en las tecnologías de colaboración, no pueden superar la formidable barrera del miedo que siempre planta el liderazgo autocrático. Y, sin embargo, seguimos oyendo a los evangelistas proclamar el potencial ilimitado de los últimos avances tecnológicos, como las aplicaciones web de distinto contenido, los mundos de aprendizaje virtual, los *hackathons* y las herramientas de apoyo al rendimiento. El despliegue de la tecnología, el romanticismo y las ofertas de salvación nunca desaparecen.

Es útil reflexionar sobre lo que es realmente una organización. Hay muchas definiciones, pero tal vez la mejor para nuestra época sea la del teórico de la educación Malcolm Knowles. Nos invita a pensar en una empresa como un «sistema de aprendizaje y de producción».[17] En la actualidad, las organizaciones compiten literalmente en función de su capacidad de aprendizaje. En un entorno cruel e hipercompetitivo, crear una organización que aprenda a la velocidad del cambio o por encima de ella —la propia definición de agilidad del aprendizaje— es el principal reto organizativo de nuestro tiempo.

Peter Drucker acuñó el término «trabajador del conocimiento» en 1959 y, sin embargo, seguimos intentando romper las ortodoxias de la era industrial. Seguimos encumbrando a jefes autoritarios, que aprendieron en otra época y lugar, para dirigir organizaciones. La única razón por la que sobreviven es porque sus empresas tienen fuentes de ventaja competitiva que compensan y ocultan sus responsabilidades. Las crecientes demandas de una organización proteica exigen que el líder marque la dirección y que sirva, entrene, proporcione y facilite. Vemos que los patrones predominantes de liderazgo continúan su migración de burocrático y autocrático a democrático e igualitario, de orientado a las tareas a orientado a las personas y de directivo a facilitador.

No solo se trata de un cambio fundamental respecto al modelo del líder como autoritario, sino que también requiere que los líderes asuman una postura emocional y social muy diferente. Los líderes deben sentirse cómodos presentándose como competentes por su capacidad de aprendizaje y adaptación, más que por su experiencia. Para fomentar la seguridad del aprendiz, los líderes deben modelar un nivel de humildad y curiosidad que es simplemente ajeno a la mayoría de las concepciones tradicionales del liderazgo. Irónicamente, los líderes se enfrentan al reto de desarrollar confianza en el propio acto de no saber. Deben ser sumisos al hecho de que pasarán por períodos de incompetencia temporal a medida que avanzan en los ciclos de aprendizaje.

Como alguien que ha trabajado con equipos muy difíciles, quiero ofrecer dos sugerencias finales para cultivar y preservar la seguridad del aprendiz. En primer lugar, controla a los que aprenden con la boca: los miembros vocalmente agresivos de tu equipo que son propensos a amenazar a sus colegas con tormentas verbales y ráfagas de críticas. En segundo lugar, no permitas nunca que la jerarquía exima a nadie de la responsabilidad de aprender. Cuando imparto formación a equipos ejecutivos, aproximadamente la mitad de los directores generales no asisten. Los demás vienen con ganas de aprender. ¿Quién tiene la ventaja?

Preguntas clave: ¿Modelas al líder como aprendiz o al líder como autoritario? ¿Demuestras una disposición de aprendizaje agresiva y autodirigida?

Los líderes comprometidos con la salvaguarda de la seguridad de aprendizaje entienden que este es el origen de la ventaja competitiva, que representa la forma más elevada de gestión del riesgo empresarial y que el mayor riesgo que puede correr una empresa es dejar de aprender. Parece cada vez más claro que los líderes que no demuestran patrones profundos de aprendizaje agresivo y autodirigido en su propia disposición están casi seguros de fracasar. Los que sí lo hacen tienen más probabilidades de tener éxito, siempre que combinen esos patrones de aprendizaje con la capacidad de involucrar a la gente. Básicamente, la seguridad de aprendizaje no se produce a menos que se modele, comunique, enseñe, mida, reconozca y recompense.

Pregunta clave: ¿Cómo se puede eliminar la barrera de la ansiedad del aprendiz hasta el punto de que el miembro más inhibido y temeroso del equipo se acerque y participe?

Tu equipo puede estar exquisitamente dotado de personas brillantes y recursos abundantes, pero si los individuos no se sienten libres para investigar, incitar, guiar y hacer prototipos, hacer preguntas tontas, estirarse y tropezar, no se aventurarán. [18] La seguridad del aprendiz es importante porque fomenta estos comportamientos específicos de aprendizaje. Lo que es aún más impresionante es que puede actuar como un agente de nivelación invisible para eliminar las dudas y reducir la ansiedad que los empleados suelen sentir al pedir ayuda a quienes podrían, literalmente, acabar con su empleo. [19] Al final, cada uno de nosotros puede elegir entre cultivar o machacar, nutrir o descuidar, estimular o reprimir la seguridad de aprendizaje.

CONCEPTOS CLAVE

- La verdadera definición de la desolación es que a nadie le importe que fracases.
- En casi todos los casos, los padres y las escuelas fallan a los alumnos antes de que estos se fallen a ellos mismos.
- Mientras que la escuela insegura es probablemente una cuna de negligencia, el lugar de trabajo inseguro es probablemente un refugio del ridículo.
- Un entorno de aprendizaje hostil, ya sea en casa, en la escuela o en el trabajo, es un lugar en el que el miedo provoca el instinto de autocensura y cierra el proceso de aprendizaje.

- Cuando el entorno castiga en lugar de enseñar, ya sea mediante negligencia, manipulación o coacción, nos volvemos más defensivos, menos reflexivos y menos capaces de autodiagnosticar, autoentrenar y autocorregir. Esto expone a las personas al riesgo de un verdadero fracaso: el fracaso de no seguir intentándolo.
- El imperativo moral para garantizar la seguridad de aprendizaje es actuar primero animándole a aprender. Sé el primero en actuar.
- Las expectativas determinan el comportamiento en ambas direcciones. Cuando se pone el listón alto o bajo, la gente tiende a saltar alto o bajo.
- El fracaso no es la excepción, es la expectativa y el camino que hay que seguir.
- Los seres humanos procesan social, emocional e intelectualmente al mismo tiempo.
- La señal más importante a la hora de conceder o negar la seguridad de aprendizaje es la respuesta emocional del líder a la crítica y a las malas noticias.
- Protegemos nuestro yo social y emocional con sofisticados sistemas de vigilancia personal.
- La determinación por sí sola no cerrará la brecha de aprendizaje. También es necesaria la seguridad de aprendizaje.
- La mente prejuiciosa es voluntariamente ciega.

PREGUNTAS CLAVE

- ¿Cuántos estudiantes conoces que prosperan académicamente mientras sufren emocionalmente?
- ¿Has tenido alguna vez un profesor que confiara más que tú en tu capacidad de aprendizaje? ¿Cómo influyó eso en tu motivación y esfuerzo?

- Cuando empiezas a trabajar con gente nueva, ¿juzgas su actitud inmediatamente o reprimes ese impulso?
- ¿Tu equipo castiga el fracaso? ¿Castigas tú el fracaso?
- ¿Aprendes tanto o más de tus fracasos que de tus éxitos?
- ¿Has tenido algún profesor en tu vida que haya creado seguridad del aprendiz y te haya empujado a un nuevo nivel de rendimiento?
- ¿Cuándo fue la última vez que creaste un entorno de aprendizaje que alimentara la curiosidad y la motivación de otra persona?
- ¿Puedes pensar en una persona que haya desempeñado un papel fundamental en tu vida creando seguridad del aprendiz y que haya creído en tu capacidad para aprender?
- ¿Cómo se puede reducir la barrera de la ansiedad del aprendiz hasta el punto de que el miembro más inhibido y temeroso del equipo se acerque y participe?
- ¿Modelas al líder como aprendiz o al líder como autoritario? ¿Demuestras una disposición de aprendizaje agresiva y autodirigida?

Seguridad de contribuir

Considero que somos socios en todo esto y que cada uno de nosotros contribuye y hace lo que mejor sabe hacer. Así que no veo un peldaño superior y otro inferior, veo todo esto horizontalmente y lo veo como parte de una matriz.

—JONAS SALK

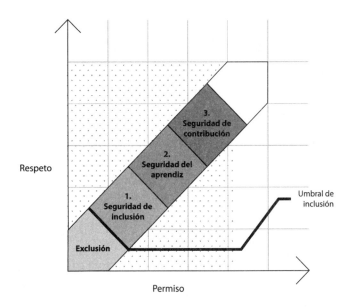

Figura 7. La tercera etapa en el camino hacia la inclusión y la innovación.

Una señal de que es hora de actuar

¿Has estado alguna vez en un equipo de deporte, pero no llegaste a jugar en los partidos? En su lugar, te sentaste en el banquillo. ¿Qué se siente al estar sentado en el banquillo? Si tus compañeros de equipo te aceptaban, tenías seguridad de inclusión. Si entrenabas mucho, tenías seguridad de aprendizaje. Pero si no jugabas en los partidos, no tenías seguridad de contribución (figura 7, página anterior).

Sentarse en el banquillo es un estado de suspensión entre la preparación y el rendimiento. Es social y emocionalmente doloroso. Entonces, un día, el entrenador te toca el hombro y te dice: «Sal ahí fuera». En un instante, estás en el campo. Ya no eres espectador, sino que contribuyes. En ese momento, la satisfacción sustituye a la suspensión. Ya no te preparas para algo que nunca llega.

Concepto clave: Salvo aquellos que pueden estar paralizados por el miedo o la ansiedad, los seres humanos tienen un profundo e implacable impulso de participar en el partido.

En la etapa 1, la seguridad de inclusión, aceptamos al individuo por motivos humanos. En la etapa 2, la seguridad de aprendizaje, fomentamos el aprendizaje del individuo también por motivos humanos y le animamos a participar en el proceso. Pero la siguiente etapa de seguridad psicológica no es un derecho natural: más bien es un privilegio que se gana según el rendimiento demostrado. Con la seguridad de contribución, proporcionamos autonomía a cambio de rendimiento. Te damos poder si puedes ofrecer resultados.

La seguridad de contribución marca el final del aprendizaje y el comienzo de un rendimiento sólido y autodirigido. Es el momento de poner algo significativo sobre la mesa. El líder concede la seguridad de contribución cuando el individuo tiene la capacidad de hacer el trabajo. En términos empresariales eso significa que el individuo es un activo en lugar de un pasivo, un contribuyente neto que ofrece un retorno positivo de la inversión. La organización concede respeto y permiso en función de la capacidad del individuo para crear valor.

La seguridad de contribución plantea mayores exigencias a ambas partes. Se trata de una inversión mutua en la que el individuo dedica esfuerzo y habilidad y el equipo dedica apoyo, orientación y dirección. Cuando la progresión hacia la seguridad de contribución funciona, el equipo empodera al individuo y le dice: «¡Tú puedes!». Del mismo modo, el individuo en este punto ya está preparado y ha desarrollado un mayor deseo de contribuir, y dice: «Déjame hacerlo». Esta es la situación actual de mi hijo, que recientemente se ha sacado el carné de conducir. Aprobó el examen teórico y el práctico. Su madre y yo hicimos cuarenta horas de práctica de conducción durante el día y ocho horas durante la noche con él para cumplir los requisitos para conseguirlo.

A estas alturas, sería un poco raro que me dijera: «Papá, ¿puedes llevarme a casa de mi amigo?». Quiere tomar el volante. Y así es como debe ser.

Concepto clave: La preparación para actuar crea el deseo de actuar.

Por eso no puedes conformarte con sentarte en el banquillo para siempre. El intercambio social en esta tercera etapa es la autonomía guiada por el rendimiento. Pero si el individuo no rinde, la empresa vuelve a la seguridad de aprendizaje. Una vez que sales a jugar, tienes que hacer tu trabajo o pronto estarás en el banquillo de nuevo. Por otro lado, si puedes contribuir, pero nunca tienes la oportunidad, tendrás que decidir si vives con esa realidad o buscas otro equipo.

La seguridad de contribución es, por tanto, la plena activación del contrato social. Una vez que el individuo deja de ser un aprendiz, espera ser tratado como un miembro de pleno derecho del equipo, y la empresa espera una contribución significativa. Si la seguridad de aprendizaje es la etapa de preparación, la seguridad de contribución es la etapa de desempeño. Pasar a la seguridad de contribución es la señal de que ha llegado el momento de actuar, de que el equipo confía en ti para que desempeñes el papel que te ha asignado. La organización espera que hagas tu trabajo y que actúes de forma competente.

La unidad básica de rendimiento en el siglo XXI es el equipo. Lo más probable es que participes como miembro de numerosos equipos multifuncionales durante tu vida profesional. Con algunos te ubicarás en el mismo lugar y con otros te desplazarás por todo el mundo. De hecho, a medida que las organizaciones se hacen más planas, cada vez es más frecuente ser miembro de varios equipos al mismo tiempo. [1] Independientemente de la naturaleza del trabajo que realices y del equipo del que formes parte, esta tercera etapa de la seguridad psicológica siempre será la base del rendimiento.

Ejecución frente a innovación

Si la seguridad de aprendizaje fomenta la preparación y la seguridad de contribución fomenta el rendimiento, ¿qué entendemos exactamente por «rendimiento»? Respuesta: ejecución e innovación.

> **Concepto clave:** Las organizaciones solo se dedican a dos procesos, la ejecución y la innovación. La ejecución es la creación y entrega de valor hoy, mientras que la innovación es la creación y entrega de valor mañana.

Las diferencias entre estos dos procesos son fundamentales. La ejecución consiste en economizar el trabajo y ampliar los procesos. Se trata de controlar y eliminar la variabilidad para lograr la eficiencia. La innovación es lo contrario. Tiene que ver con la libertad, la imaginación, la creatividad y la introducción de variabilidad. Dado que la ejecución tiene que ver más con la estandarización, y la innovación, más con la desviación, existe una tensión natural y un intercambio entre ambas. La distinción fundamental entre ejecución e innovación es válida tanto si se trata de una corporación multinacional como de la sección local de la asociación de cultivadores de setas shiitake. ¿Significa eso que la seguridad de contribución se basa únicamente en la ejecución y no en la innovación? No especialmente. Aquí es donde la progresión de la seguridad psicológica se vuelve aún más interesante.

La innovación puede dividirse a su vez en ofensiva y defensiva. La innovación ofensiva es proactiva, mientras que la defensiva es reactiva. Ambas son respuestas a los retos de adaptación, pero de distinto tipo.

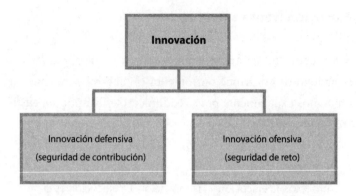

Figura 8. Innovación defensiva frente a la ofensiva en las etapas 3 y 4.

Concepto clave: La innovación ofensiva es una respuesta a una oportunidad, mientras que la innovación defensiva es una respuesta a una amenaza o crisis.

La innovación ofensiva es que tú elijas el cambio. La innovación defensiva es el cambio que te elige a ti. ¿Por qué es importante esta distinción? Importa porque la innovación defensiva es una parte natural de la seguridad de contribución, mientras que la innovación ofensiva no lo es. La figura 8 muestra gráficamente los dos tipos.

Cuando era director de planta en Geneva Steel, vendíamos chapa de acero a Caterpillar. La utilizaban para crear piezas para los grandes equipos que fabricaban. En un momento dado, nos informaron de que la calidad de la superficie de nuestras chapas ya no era aceptable. Estaban endureciendo sus parámetros de calidad y, o bien encontrábamos la manera de cumplirlos, o bien encontrarían otro proveedor. Así que nos enfrentamos a un nuevo reto de adaptación. En este caso, se trataba de una amenaza que casi rozaba la crisis. Todavía recuerdo haber convocado a nuestro equipo para la primera reunión de emergencia. Todos los miembros del equipo se pusieron manos a la obra: los operarios, los ingenieros de procesos, químicos, metalúrgicos y de calidad, y el personal de mantenimiento, todos tratando de averiguar cómo eliminar los pequeños defectos superficiales. No solo necesitábamos un buen análisis de las causas y una buena acción correctiva, sino también innovación defensiva y rapidez para ello.

Este ejemplo es típico de lo que ocurre en casi todas las compañías. Las demandas de las partes interesadas cambian, las preferencias de los consumidores evolucionan, surgen nuevos competidores, la demografía cambia, la tecnología se acelera... O nos dedicamos a la innovación defensiva para mantenernos en el partido o nos retiramos porque no tenemos suficiente seguridad de contribución para hablar francamente de los errores o las mejoras. La razón por la que la innovación defensiva forma parte de la seguridad de contribución es que es más arriesgado no hacer nada que formular una respuesta.

> **Principio clave**: Cuando una amenaza externa desafía el *statu quo*, el miedo natural a retar al *statu quo* se sustituye por el instinto de supervivencia.

A estas alturas queremos y esperamos una innovación defensiva. Ya no te arriesgas personalmente a desafiar el *statu quo*. Puedes agradecer a una fuerza externa que realice esa tarea por ti. En este caso fue Caterpillar, y una vez que lanzaron el reto, no había miedo asociado a desafiar el *statu quo*. La supervivencia estaba ahora en juego.

Para casi todos los equipos u organizaciones que he observado, este patrón es válido. La innovación defensiva para sobrevivir está dentro del ámbito de las expectativas normales. Rara vez te sientes amenazado internamente cuando te ves amenazado externamente.

> **Pregunta clave**: ¿Has tenido alguna vez una amenaza externa que te haya quitado el miedo a desafiar el *statu quo*?

De hecho, las amenazas externas te unen. Actúan como un agente de alineación, proporcionando el peligro claro y actual de un enemigo común. La innovación proactiva, sin embargo, es otra cosa. Implica mucho más riesgo personal y, por tanto, un mayor nivel de seguridad psicológica basado en niveles más altos de respeto y permiso. Eso, por supuesto, es el terreno de la seguridad de reto, de la que hablaremos en el próximo capítulo. En resumen, la seguridad de contribución fomenta la ejecución y la innovación defensiva, pero no llega a abordar el mayor nivel de riesgo y vulnerabilidad que suele ser necesario para la innovación ofensiva.

Autonomía guiada a cambio de resultados

El contrato social de la tercera fase de la seguridad de contribución cambia la autonomía por el rendimiento. La unidad social concede al individuo una mayor independencia y responsabilidad a medida que demuestra su capacidad para contribuir, no solo sobre la base de los conocimientos y habilidades adquiridos, sino también sobre la base de buenos hábitos de trabajo y un seguimiento disciplinado, tanto de los conocimientos como de la fiabilidad. En resumen, cuando pasamos a la etapa de contribución, pasamos a un nivel superior de responsabilidad individual (tabla 3). Cualquier persona que pase a la etapa de colaborador es responsable de un producto de trabajo, de los resultados y de los productos finales. Mis hijos adolescentes tienen tareas diarias y semanales que realizar, instrumentos musicales que practicar, deberes que hacer y perros que alimentar. Cuanto mayor sea el rendimiento, mayor será la autonomía.

Tabla 3. **Etapa 3: Seguridad de contribución**

Etapa	Definición de respeto	Definición de permiso	Intercambio social
1. **Seguridad de inclusión**	Respeto por la humanidad del individuo	Permiso para que el individuo interactúe contigo como ser humano	Inclusión a cambio de un estatus humano y la ausencia de daños
2. **Seguridad del aprendiz**	Respeto por la necesidad innata del individuo de aprender y crecer	Permiso para que el individuo participe en todos los aspectos del proceso de aprendizaje	Estímulos para aprender a cambio de compromiso
3. **Seguridad de contribución**	Respeto por la capacidad del individuo de crear valor	Permiso para que el individuo trabaje con independencia y su propio juicio	Autonomía guiada a cambio de resultados

Independientemente de la actuación del individuo, mantenemos la responsabilidad moral de garantizar la seguridad de inclusión y la de aprendizaje, siempre que el individuo sea cortés y esté dispuesto a aprender. Sin embargo, la moral de la seguridad de contribución es diferente porque el individuo tiene una responsabilidad mayor. La seguridad de contribución es una inversión mutua del individuo y de la unidad social, no un derecho natural ni algo a lo que los seres humanos tengan derecho en virtud de su condición humana; hay que ganársela. Es un instinto de los líderes conceder más autonomía a medida que otros seres humanos a su cargo se autodirigen más y ofrecen los resultados esperados. Mi mujer y yo recordamos con frecuencia a nuestros hijos que la crianza de los hijos consiste en la transferencia gradual de responsabilidades, y que cuanto antes estén dispuestos a asumirlas, antes estaremos dispuestos a darlas.

> **Concepto clave**: Cuando eres competente y estás dispuesto a dar la cara, estás listo para recibir la seguridad de contribución.

Con seguridad de contribución, la empresa asume el riesgo en nombre del individuo del que se espera que contribuya. Cuando algo sale mal, la responsabilidad asociada al riesgo de fracaso recae normalmente en la empresa y no en el individuo. Si el equipo de desarrollo de software de mi empresa entrega una solución plagada de errores a uno de nuestros clientes, todos lo sufrimos. No es de extrañar que cuanto mayor sea el riesgo asociado al rendimiento, menos autonomía concedamos, aunque tengamos una enorme confianza en el individuo, en sus habilidades y en su fiabilidad. Cuando dirigía la planta siderúrgica teníamos por lo menos diez mil procedimientos operativos estándar escritos, que regían cada etapa del proceso de fabricación del acero.

Si la organización concede seguridad de contribución como es debido, podrás esperarla cuando te la ganes. Esto también significa que se te denegará si no estás preparado o te quedas muy corto. Por eso esperamos a ver un historial de rendimiento constante antes de conceder la seguridad de colaborador completa. De hecho, si la persona no está preparada para realizar un trabajo, sería una tontería ofrecérsela. Lo hacemos gradualmente en función del rendimiento para gestionar el riesgo.

> **Pregunta clave**: ¿Has concedido alguna vez seguridad de contribución con demasiada rapidez cuando la persona no tenía la capacidad o no estaba dispuesta a asumir la responsabilidad de los resultados?

La transición a la contribución

En muchas organizaciones, la transición a la seguridad de contribución se corresponde con la finalización de la formación formal y la obtención de una credencial que certifica que la persona está preparada para desempeñar un trabajo, papel o función específicos. Por ejemplo, los médicos, los abogados, los profesores, los ingenieros, los pilotos de avión, los albañiles, los contables y, a veces, incluso los diseñadores de flores deben pasar exámenes de certificación para demostrar su competencia y ser admitidos como miembros de sus sociedades profesionales. Pero hay aún más trabajos que no dependen de la obtención de credenciales formales ni de la admisión: el profesional del golf, el presentador de las noticias de televisión, el entrenador de las ligas menores, el barista o el instructor de surf. Y también hay otros en los que las credenciales son opcionales: el cocinero, el guía fluvial, el paisajista o el entrenador personal. La transición de la preparación al desempeño puede ser formal o informal y puede producirse de forma gradual o inmediata (tabla 4).

Inmediata formal. Para convertirse en abogado hay que cursar tres años de estudios de Derecho o de formación, pero solo se está autorizado a ejercer la abogacía en un estado de Estados Unidos después de aprobar el examen del colegio de abogados de ese estado. La transición a la etapa de contribución es formal e inmediata una vez que apruebas el examen. Seguramente no seas un abogado experimentado, pero tienes los conocimientos y habilidades mínimas para desempeñar la función.

Tabla 4. **Formas de pasar de la preparación al rendimiento**

Inmediata formal	Gradual formal
(Abogado)	(Reportero)
Inmediata informal	Gradual informal
(Deportista)	(Padre)

Gradual formal. Los ejemplos de transiciones graduales formales al rendimiento son menos comunes porque un proceso formal implica un evento o una medición de algún tipo para identificar el cambio. Una transición gradual formal suele implicar un juicio cualitativo más que cuantitativo sobre la capacidad del individuo para realizar un trabajo. Por ejemplo, trabajé con un periódico que contrató a un nuevo periodista para escribir artículos. La contratación y el nombramiento como reportero fueron formales, pero ese reportero fue considerado inicialmente un reportero novato en fase de aprendizaje. El paso a redactor de artículos más serios fue un proceso gradual supervisado por el director del periódico. No había ningún examen ni certificación, sino una lenta transición basada en la maduración de la capacidad informativa del individuo. Muchos puestos de trabajo en el mundo empresarial son así: te nombran para un trabajo, pero todavía hay que cerrar una gran brecha de habilidades antes de que puedas contribuir de forma competente en la función.

Inmediata informal. El paso inmediato informal al desempeño es aquel en el que no hay una acreditación o nombramiento formal que acompañe la transición. Esto suele ocurrir cuando surgen necesidades en tiempo real debido a una escasez o a un aumento de la demanda. Alguien tiene que intervenir y cubrir la necesidad. Por ejemplo, un deportista se lesiona y su sustituto es llamado a jugar inmediatamente. Un empleado deja inesperadamente una organización y se te pide que dirijas el equipo.

Gradual informal. Por último, una transición informal y gradual hacia la contribución es quizás el patrón más común de todos. Representa el proceso natural de maduración hacia un mayor rendimiento. Los papeles más importantes que tengo en la vida son el de marido y el de padre. Irónicamente, en estas responsabilidades más cruciales no estoy formalmente acreditado, licenciado o certificado. Es cierto que el día de mi matrimonio marcó el día en que me convertí en marido, pero no me calificó para convertirme en uno. Del mismo modo, me convertí formalmente en padre en el momento en que nació mi hijo, pero, de nuevo, el acontecimiento de su nacimiento no coincidió con mi actuación competente como padre. Tener el papel no significa que puedas desempeñarlo. En ambos casos tenía mucho que aprender. Asumí esos papeles antes de estar adecuadamente preparado para ellos. Pero ¿no es eso lo que ocurre con la mayoría de los papeles, cargos y tareas de la vida? ¿No tenemos que adaptarnos a ellos?

Tres niveles de responsabilidad

El intercambio de autonomía por resultados que define la seguridad de contribución es un intercambio que aumenta en escala y alcance a medida que el individuo aprende a contribuir más. La concesión de la seguridad de contribución sigue un patrón coherente en el que la unidad social otorga autonomía en función de tres niveles de responsabilidad: tarea, proceso y resultado (tabla 5).

Tabla 5. **Los tres niveles de responsabilidad**

3. Resultado
2. Proceso
1. Tarea

Si nos desenvolvemos bien de forma constante en un nivel, la empresa estará dispuesta a hacernos avanzar al siguiente. Déjame mostrártelo con mi propia ilustre carrera de adolescente. Mi primer trabajo fue recoger albaricoques en un gran huerto de Cupertino (California): llevaba dos cubos de metal a los árboles, los llenaba de albaricoques y se los llevaba al capataz, que los vertía en cajas de madera. Dos cubos llenos llenaban una caja de unos 35 kilos. En este trabajo me limité a realizar tareas y nunca pasé a realizar trabajos durante el proceso.

En el instituto encontré un trabajo de verano en un equipo de jardinería. Nos pasábamos el día arreglando los terrenos de casas y empresas. En cuanto aprendí las tareas, mi jefe me ascendió a responsable de procesos. Cortábamos, podábamos y recortábamos los bordes del césped, desbrozábamos y arreglábamos los parterres. Delegó más responsabilidades a medida que demostrábamos la habilidad y la voluntad de realizar el trabajo a nivel de proceso. Con el tiempo, pasamos a la responsabilidad a nivel de resultados cuando se sintió seguro de que podía dejarnos en una propiedad y decir: «Que quede muy bien. Volveré a recogeros en dos horas».

Cuando pasamos a la responsabilidad de resultados, ya no importa tanto cómo hacemos nuestro trabajo, cómo realizamos nuestras tareas ni cómo gestionamos los proyectos y los procesos: lo importante es el resultado. Cuando me matriculé en la escuela de posgrado, los nuevos estudiantes de doctorado fueron invitados a una reunión la primera semana. Todavía recuerdo haber escuchado al vicerrector hablar de los misterios de esta antigua institución. No recuerdo nada de lo que dijo, salvo una cosa que se me quedó grabada para siempre en mi memoria. Después de su largo discurso, dijo: «Por favor, entiendan que solo uno de cada tres de ustedes completará con éxito el doctorado. El resto abandonará o fracasará. ¡Bienvenidos a la Universidad de Oxford!».

En ese momento me planteé seriamente coger un autobús hasta Heathrow y subirme a un avión de vuelta a Estados Unidos. Afortunadamente, me quedé y aprendí que no había exagerado. También aprendí que el modelo de responsabilidad de Oxford era un modelo puramente de resultados. Concedían una autonomía guiada con la expectativa de que hicieras una contribución original al conocimiento en tu campo. Se lo tomaban muy en serio y mi asesor académico era la encarnación de este modelo. Estaba muy dispuesto a ayudarme, pero solo accedía a reunirse si yo tenía algo que mostrarle. Me orientaba, pero no me daba consejos, no me consentía y, lo que es más importante, no me daba atajos.

> **Concepto clave**: El intercambio de autonomía guiada por resultados es la base del rendimiento humano.

Esta ha sido la expectativa constante de mi vida profesional. Cuando me convertí en director de una empresa de consultoría con sede en San Francisco, mi jefe estaba en Boston y le veía cuatro veces al año. Rara vez me hacía preguntas sobre el «cómo», pero siempre me preguntaba el «qué» y el «por qué». Cada trimestre preguntaba: «¿Cuál es tu visión? ¿Cuál es tu estrategia? ¿Cuáles son tus objetivos y por qué?». Si mis respuestas eran aceptables, me decía: «Genial, nos vemos el próximo trimestre». Si tenía algún problema profundizaba conmigo, pero me pagaba por los resultados, y yo lo entendía. Como puedes ver, la seguridad de contribución se basa en la confianza, que es un entendimiento predictivo sobre la forma en que se comportará una persona. Mi jefe me daba autonomía si entregaba resultados.

Pregunta clave: ¿Qué resultados esperas obtener a partir del intercambio de autonomía guiada por resultados?

Zona azul y zona roja

Cada persona posee cinco características exclusivamente humanas:

- **Motivación: tu deseo de actuar.** La motivación es el combustible para levantarse y actuar.
- **Voluntad: tu poder para elegir y actuar por ti mismo.** Por ejemplo, ahora mismo puedes elegir seguir leyendo. Por favor, sigue leyendo.
- **Conocimiento: el proceso mental de aprendizaje y la capacidad de pensamiento moral y racional.** ¿Cómo se hace? A través de nuestros pensamientos y los cinco sentidos.
- **Emoción: tu estado de ánimo.** Por ejemplo, puedes sentir alegría, amor, miedo, sorpresa o ira, que pueden ser causados por tus propios pensamientos y las circunstancias en las que te encuentras.
- **Aprehensión: el estado de ser consciente o estar al tanto de ti mismo,** de tus pensamientos y sentimientos y del mundo que te rodea. Una cosa es ser consciente, pero el ser humano también tiene la capacidad de ser consciente de su propia conciencia.

Teniendo en cuenta estas características definitorias, nos damos cuenta de que cada uno se hace cargo de su atención, actividad y esfuerzos. Es una cuestión de discreción personal el contribuir u holgazanear. Está el esfuerzo discrecional, que es la parte de esfuerzo que eliges dar más allá del simple cumplimiento. Depende de ti. Cuando una persona restringe la seguridad de contribución de manera que nos hace congelar nuestros esfuerzos discrecionales debido al miedo y al potencial de daño social y emocional, lo llamamos zona roja. Por el contrario, cuando una persona concede seguridad de contribución de forma que tiende a liberar el esfuerzo discrecional, lo llamamos zona azul (tabla 6).

Un verano, cuando era estudiante universitario, acepté la invitación de mi amigo Joe Huston para trabajar en una granja de uva de mesa en el valle de San Joaquín, en California. No me di cuenta de que estaba entrando en una zona azul. Trabajábamos diez horas al día bajo el caluroso sol en las afueras de la pequeña ciudad de Arvin, bajo la supervisión del padre de Joe, Boom Huston, director general de El Rancho Farms, una gran operación que incluía el embalaje y la refrigeración. Los universitarios trabajábamos junto a los trabajadores inmigrantes en un equipo integrado: no había distinciones arbitrarias entre nosotros. Hacíamos los mismos trabajos, teníamos las mismas horas y ganábamos el mismo sueldo. La única diferencia real era la comida. Su carne asada, sus tortillas y su salsa eran mejores que todo lo que yo sacaba de mi bolsa marrón.

Al principio, pensé que era simplemente una cuestión de obligación profesional que Boom nos tratara a todos con el mismo respeto, pero iba más allá. Organizó una barbacoa para los trabajadores en su casa y todos estábamos invitados, también sin distinciones arbitrarias de ningún tipo.[2] No había un trato preferencial, sino una consideración igualitaria. El resultado de la ética igualitaria que creó Boom fue que los trabajadores estaban muy comprometidos y dispuestos a dar rienda suelta a sus esfuerzos discrecionales.

Tabla 6. **Descriptores de la zona azul/zona roja**

Zona azul	Zona roja
Colaboración	Competencia
Alineación	Fracturas
Compromiso	Silencio
Confianza	Temor
Toma de riesgo	Aversión al riesgo
Retroalimentación rápida	Retroalimentación lenta y filtrada
Renovación y resiliencia	Agotamiento
Estrés controlable	Estrés debilitante
Autoeficacia	Autosabotaje
Iniciativa y capacidad	Impotencia aprendida
Creatividad	Conformidad

Pregunta clave: ¿Respetas solo a las personas de alto rendimiento y a las que tienen un alto nivel de formación, o reconoces que la perspicacia y las respuestas pueden provenir de algunas de las personas menos probables?

Nunca había visto a nadie trabajar tan duro y sonreír tanto. El entorno de trabajo creado por Boom afirmaba su condición de igualdad con los demás trabajadores, independientemente de su origen socioeconómico. Les ofrecía un estímulo paciente para que aprendieran las habilidades necesarias para hacer el trabajo sin temor a una respuesta despectiva. Y, por último, les concedía autonomía para obtener resultados. Boom exigía altos estándares y dirigía una operación limpia y organizada, pero no microgestionaba innecesariamente. La seguridad de contribución que creó impulsó nuestro rendimiento.

Los universitarios perdieron su actitud inapropiada y los trabajadores inmigrantes tuvieron una auténtica sensación de que no eran ciudadanos de segunda clase. Nuestra relación de trabajo estaba al mismo nivel.[3]

Ahora puede que te digas a ti mismo: «Qué bien. Todo el mundo ha trabajado duro y ha rendido bien porque Boom les ha hecho sentirse bien». Si esa fuera la conclusión, te habrías perdido la otra mitad de la ecuación. Boom elevó el rendimiento en términos de producción pura, pero hizo más que eso. Plantó una mentalidad posindustrial en un entorno agrícola preindustrial. Boom era hijo del *Dust Bowl*, con padres que nunca terminaron segundo de secundaria, emigraron a California en un Ford A y se establecieron en Salinas. Habiendo crecido como jornalero del melón y habiéndose afiliado al sindicato United Packinghouse Workers a los trece años, Boom creó una zona azul a partir de un sentido de justicia y equidad profundamente interiorizado.

La zona azul que creó eliminó el miedo, permitiendo a la gente dar y recibir comentarios constructivos y colaborar pensando en voz alta en lugar de competir en silencio.[4] La zona azul animó a la gente a hablar, a pedir aclaraciones e incluso a hablar de los errores.[5] Como ves, solo hace falta un poco de miedo para crear un equipo muerto de miedo.

> **Concepto clave**: Los equipos con miedo te dan sus manos, algo de su cabeza y nada de su corazón.

Se convierten en hombres y mujeres obedientes del sí. El pasado que perdura con tanta fuerza en el presente que el «despotismo de la costumbre» obstaculiza los logros humanos, como observó John Stuart Mill durante la Revolución industrial de Inglaterra. Si estoy exagerando, ¿por qué, entonces, Gallup sigue informando de que el 85 % de los empleados de todo el mundo «no están comprometidos o están activamente desvinculados en el trabajo», lo que provoca una tendencia global a la baja en la productividad laboral?[6] ¿Por qué lanzamos constantemente campañas contra el acoso en nuestras empresas? Tenemos trabajo que hacer.

Pregunta clave: ¿Expresas alguna señal no verbal que pueda marginar silenciosamente a los demás y crear una zona roja?

Salí de mi experiencia en el Valle Central de California con la convicción real de que la mayoría de las personas liberarán sus esfuerzos discrecionales si trabajan en un clima de seguridad para los colaboradores. Si se les da la oportunidad, producirán resultados extraordinarios a cambio de autonomía, orientación y apoyo.

Preguntas clave: ¿Cuándo has trabajado en una zona azul? ¿Cuándo has trabajado en una zona roja? ¿Cómo describirías tu motivación en cada caso?

Cada persona regula su propio esfuerzo discrecional, y el regulador interno que utilizamos es muy sensible a la forma en que nos tratan los demás. En una ocasión, llevé a mi hijo al médico. Este médico era un especialista muy respetado. Entró en la habitación, no estableció contacto visual con nosotros, no nos saludó y ni siquiera levantó la vista por encima de su portapapeles. «Bien, ¿cuál es el problema?», preguntó. Examinó rápidamente a mi hijo y escribió una receta. Y luego se fue. Cuando salimos de la consulta, mi hijo me miró y me dijo: «Papá, es un médico terrible y no quiero volver nunca». Resulta que su diagnóstico y tratamiento eran correctos. Era un médico competente. Pero eso no lo es todo, ¿verdad? ¿Qué estaba observando mi hijo? Estaba observando la interacción humana. ¿Por qué tuvo una reacción tan alérgica a este médico? Sus habilidades eran de primera clase, pero su comportamiento era distante o indiferente.

En caso de que estés tentado de descartar mi último ejemplo como una simple cuestión de personalidad introvertida, que a veces utilizamos como excusa para nosotros mismos, considera a dos presidentes de los Estados Unidos: George Washington y Abraham Lincoln. Cualquiera diría que fueron líderes increíbles que cambiaron la historia del mundo. Pero si miramos más de cerca, nos damos cuenta de que estaban muy alejados en cuanto a temperamento y disposición. Washington tenía una presencia imponente y, sin embargo, era un orador torpe. Lincoln, en cambio, tenía una presencia torpe y era un orador imponente. Washington era majestuoso, digno, formal, distante, tranquilo y reservado. Lincoln era informal y afable, y aligeraba el ambiente con bromas, humor y narraciones. Y, sin embargo, a pesar de sus grandes diferencias de personalidad, alimentaron la seguridad de contribución. Ambos tenían la capacidad de reclutar a las mejores personas y de conseguir su mejor servicio incluso cuando esas mismas personas estaban llenas de envidia y resentimiento hacia ellos.

Permíteme repetir esto: no te excuses de la obligación de crear seguridad de contribución porque crees que no posees ciertas dotes de personalidad. Tuve un profesor de inglés en el instituto, el Sr. Westergard, que me parecía un hombre bastante serio. Nunca hablaba mucho y, sin embargo, podía percibir que me respetaba. Mi consejo sería evitar los extremos. Si te comportas como Spock, la gente no sabrá que te importa. Si eres efusivo, el despliegue emocional puede ser agotador. En cualquier situación, debemos ejercer la inteligencia emocional controlando nuestras interacciones con autocontrol. En el siglo IV a. C., Aristóteles nos instruyó sobre la necesidad de este aplomo y moderación. «Las emociones pueden sentirse tanto demasiado como muy poco, y en ambos casos no está bien; hay que sentirlas en los momentos adecuados, con referencia a los objetos adecuados, hacia las personas adecuadas, con el motivo adecuado y de la forma adecuada».[7] Sé tú mismo. Sé tu mejor yo.

> **Pregunta clave**: ¿Tienes una idea clara de cómo perciben los demás tu conducta y tu comportamiento? Aunque creas que sí, pide a cinco personas que te conozcan bien que te respondan a esa pregunta.

¿Estás emocionalmente preparado para crear seguridad de contribución?

En una ocasión, hice lo que yo llamo una contratación de carisma: confundí el talento y el espectáculo técnico con el liderazgo. Y pagué el precio. La situación fue la siguiente: tuve que despedir a un director de ventas y estaba buscando un sustituto. Llegó una candidata con mucha experiencia, pulida y muy impresionante. Era una superestrella con su formación, motivación e historial, todo lo que normalmente indicaría un éxito seguro. Además, tenía carisma, esa cualidad inefable que puede ser tan peligrosa porque es más estilística que sustantiva. Puede cegar incluso a los líderes experimentados a la hora de hacer preguntas difíciles sobre los antecedentes, la experiencia y las cualificaciones de una persona, convirtiendo la diligencia debida en negligencia. En esta ocasión, me volví voluntariamente ciego. Esta persona tenía una presencia tan imponente y era tan convincente en su afirmación de que podía duplicar las ventas en dos años, que me dejé llevar y pasé los siguientes dieciocho meses lamentándolo.

Al mes de ascenderla, volví a la oficina donde trabajaba con su equipo. La oficina registraba una temperatura bajo cero. Mis empleados estaban en silencio, se movían a cámara lenta y llevaban sonrisas pintadas. ¿Qué demonios había pasado en el espacio de treinta días? Empecé a apartar a la gente para averiguarlo. Como dijo uno de los empleados: «El reino del terror ha comenzado». Lamentablemente, aunque esta nueva ejecutiva era increíblemente talentosa, no estaba emocionalmente preparada para crear seguridad de contribución. La realidad es que, tanto si tienes un papel de liderazgo como de colaborador individual, tienes la responsabilidad de ayudar a crear seguridad para el equipo. Pregúntate si estás emocionalmente preparado para hacerlo.

Pregunta clave: ¿Puedes alegrarte de verdad por el éxito de los demás?

La pregunta que deberías hacerte es por qué alguien querría ser dirigido por ti. Siempre puedes imponer la ley y señalar que forma parte del contrato social de ser miembro de esta familia, de este equipo, de este equipo de mecánicos, de DAFO o de escenario. Si sacas esa carta, estás recurriendo a la conformidad y confesando tu incapacidad para motivar y convocar el esfuerzo discrecional. ¿Y el compromiso? ¿Cómo se consigue que la gente quiera actuar? Llevamos milenios haciéndonos esa pregunta y sabemos al menos una cosa: la gente necesita seguridad de contribución.

He visto muchos casos en los que un entorno aterrador y cruel extrajo una gran cantidad de trabajo de las personas. Sí, pero ¿de qué tipo? Trabajo mental, trabajo resentido, trabajo de baja productividad. ¿Y durante cuánto tiempo? Nunca he visto que un entorno laboral tóxico produzca un alto rendimiento y lo mantenga en el tiempo. Un entorno tóxico es aquel en el que los empleados están motivados por el beneficio personal hasta el punto de hacer comentarios mezquinos, comportamientos poco éticos, abusos e intimidaciones.

Concepto clave: Un entorno tóxico frena el rendimiento porque las personas se preocupan por la seguridad psicológica antes de preocuparse por el rendimiento.

Si estamos gestionando el riesgo con prudencia, y el individuo es capaz y pone de su parte, deberíamos conceder toda la autonomía que podamos. Pero a veces no lo hacemos. ¿Por qué iba alguien a negar la seguridad de contribución?

Pregunta clave: ¿Alguna vez has retenido la seguridad del colaborador de alguien cuando se la había ganado?

Recuerda que la seguridad de contribución es un privilegio ganado. A pesar de que un individuo está dispuesto a contribuir con su habilidad, competencia y experiencia, a menudo se lo negamos por razones ilegítimas, como la arrogancia o la inseguridad del líder, los prejuicios personales o institucionales, los prejuicios o la discriminación, las normas de equipo imperantes que refuerzan la falta de sensibilidad, la falta de empatía o el distanciamiento. La seguridad de contribución se da cuando el individuo puede contribuir y el líder y los miembros del equipo son capaces de gestionar sus egos.

Aumenta tu capacidad de observación

Para fomentar el alto nivel de seguridad de contribución necesaria para una zona azul, debes conocer a los miembros de tu equipo. Eso significa pasar tiempo con ellos, estudiar sus disposiciones individuales y escuchar atentamente lo que dicen. De hecho, si se escucha lo suficiente, la gente suele revelar lo que de otro modo ocultaría.

Por último, obsérvalos en acción y presta atención a la forma en que contribuyen. Algunas personas son colaboradores naturales. Les encanta el diálogo. Disfrutan de la resolución de problemas como un proceso social. Les encantan las bromas y el intercambio de información. Pero otros no lo soportan. Les encanta la resolución de problemas como proceso interno. Les encanta deconstruir los problemas y pensar en las soluciones, pero no se les ocurriría luchar por tiempo para hablar en una discusión. Pueden ser más reflexivos y solitarios y, sin embargo, poseen una excelente capacidad de pensamiento crítico.

Si tú, como líder, no desarrollas un mayor poder de observación, si no observas la forma en que todos responden a las señales sociales, si crees que el liderazgo es una actuación y que tú eres el espectáculo, tu sordera podría asestar un golpe fatal a tu equipo. Aquí tienes una forma de hacer un rápido diagnóstico para revisarte a ti mismo.

Concepto clave: Los líderes pasan la mayor parte de su tiempo dedicados a la investigación y la defensa.

O bien intentas resolver algo, o bien intentas convencer a los demás de que lo tienes resuelto. Esto es en gran medida lo que hacen los líderes. Obviamente, estas dos cosas se traducen en dos claras pautas de comportamiento. Cuando te dedicas a investigar, cuando tratas de averiguar algo, cuando estás en modo de descubrimiento, ¿qué haces cuando participas en un diálogo o una discusión? Eso es, haces preguntas. Por otro lado, si te dedicas a la defensa, tratando de influir en los demás hacia tu punto de vista, ¿qué estás haciendo? Efectivamente, estás obligando. La figura 9 muestra el continuo desde obligar a pedir.

Figura 9. Ordenar y pedir: comportamientos opuestos de un líder.

La progresión de ordenar a pedir

¿Cuál es tu proporción entre ordenar y pedir? Haz un seguimiento de ti mismo durante un día más o menos y averigua qué parte del tiempo estás ordenando y qué parte pidiendo. He asistido a demasiadas reuniones en las que el jefe les dice a todos lo que tienen que hacer y todos asienten amablemente. Ordenar es eficiente, pero hace que el oyente pase rápidamente a un modo pasivo, lo que puede ralentizar el aprendizaje. Toda la cultura del fútbol universitario está impregnada de un modelo industrial de comunicación. Basta con ver las interacciones entre el entrenador y los jugadores: el entrenador habla, habla y habla, y los jugadores se quedan parados y asienten con la cabeza al final de cada intercambio. No es de extrañar que se tarde tanto en desarrollar el coeficiente intelectual futbolístico.

Durante cuatro años, pasé interminables horas en los entrenamientos y en las reuniones del equipo, escuchando a los entrenadores y viendo películas. ¿Era colaborativo? ¿Fue un verdadero diálogo? ¿Fue un compromiso intelectual activo? Ni de lejos. La relación de señal a ruido (la cantidad de señal comparada con la cantidad de ruido de fondo) es tan baja que, como jugador, simplemente dejas de escuchar. La incesante voz del entrenador se convierte en parte del ruido. Esto es lo que sucedía:

«Clark, mira el ángulo de tu cuerpo. Saliste de la línea demasiado lento. No sé por qué la colocación de tu mano es así. Tienes que bajar y detener tu impulso de hombre. Lee la postura de los linieros. Mira cuánto peso ponen en sus manos. Eso te dirá si es una jugada de carrera. Mira el primer paso del *tackle*. ¿Qué está haciendo? Está intentando atraerte hacia dentro. Ya sabes que hacen esa jugada de atrapar casi todas las eliminatorias». Y así sucesivamente. ¿Puedes imaginar cómo nuestro progreso se habría acelerado si mis entrenadores hubieran pasado de ordenar a pedir? Si me hubieran dado el control remoto y me hubieran dicho: «Clark, aquí está la siguiente jugada. Por favor, enséñanosla. Analízala». Habría transformado la cultura y el rendimiento.

Concepto clave: La relación entre obligar y pedir del líder determina la relación entre la señal y el ruido para el equipo. Si el líder está hablando todo el tiempo, esa información se convierte en ruido.

¿Puedes ver el riesgo? Algunas de las personas más maravillosas y bondadosas que conozco están atascadas en el extremo de ordenar, y esa es la raíz de su problema. Dirigen equipos de personas con talento, pero son incapaces de sacarlos adelante porque se encuentran en un modo de defensa crónico y perpetuo, lo que reduce la relación de señal a ruido. Sus voces se convierten en ruido para sus oyentes. Como ya he dicho, algunos miembros del equipo están dispuestos a asumirlo y a lanzarse a la palestra, y todo ello les resulta muy divertido. Pero los silenciosos, contemplativos, introvertidos y a menudo brillantes pasan de largo porque no es su hábitat natural.

Pregunta clave: ¿Cuál es la relación entre lo que ordenas y lo que pides?

Escuchar con atención y después hablar

Una vez trabajé con un grupo de líderes de alto potencial en una empresa tecnológica de Silicon Valley. Habían sido elegidos para participar en un programa de liderazgo de seis meses para acelerar su desarrollo y prepararlos para una mayor responsabilidad. El equipo con el que trabajé tuvo que trabajar virtualmente con los demás porque estaba formado por miembros de casi todos los continentes. Como colofón a su experiencia de cohorte, se les asignó la tarea de hacer una importante recomendación estratégica al equipo ejecutivo de la empresa. Por fin llegó el tan esperado día en que el equipo debía hacer su propuesta. Los miembros del equipo volaron desde sus respectivas oficinas un día antes para ensayar su presentación. Habían trabajado los fines de semana y hecho enormes sacrificios personales para llegar a este punto, y ahora estaban listos para hacer su presentación.

Aprovecharon cada segundo de los treinta minutos asignados para hacer una presentación bien documentada y bellamente coreografiada. La agenda preveía treinta minutos de preguntas y respuestas. Visiblemente agotados, pero satisfechos con su actuación, se dirigieron con entusiasmo al equipo directivo para pedirle su opinión. Para sorpresa de todos, el director general fue el primero en hablar. Con voz monótona y sin mostrar ninguna emoción, dijo que la propuesta era buena, pero que costaría demasiado dinero. Durante diez minutos habló de la estrategia y las prioridades de la empresa. ¿Adivinas qué pasó después? Sí, eso es: nada. Los otros ejecutivos no dijeron ni mu. La reunión se disolvió tras el sermón del director general y el equipo, cabizbajo, se trasladó a una sala de conferencias cercana, donde pasé la siguiente hora ayudándoles a reducir su ira y frustración.

A la semana siguiente me reuní con varios de los ejecutivos y les pedí que le hicieran saber al director general que la próxima vez sería mejor que hablara el último, después de que los demás ejecutivos hubieran hecho sus preguntas y expresado sus opiniones.

Concepto clave: Hablar primero cuando se tiene el poder posicional suele censurar a tu equipo.

Poco tiempo después me contestaron que, efectivamente, los comentarios habían sido entregados al director general. Bueno, pues la historia no termina ahí. Al año siguiente realizamos el mismo programa. El nuevo equipo recibió la misma tarea. Hicieron una inversión similar de tiempo y esfuerzo y llegaron al día señalado para hacer su presentación. Tras una presentación igualmente bien estudiada y elaborada, el director general hizo lo mismo. Les hizo callar en los primeros cinco minutos de preguntas y respuestas. No fue grosero ni malo en lo que dijo ni en la forma en que lo dijo. Pero, en virtud de su posición, llevó el proceso a un final rápido e ignominioso. Fue obtuso, insensible y autocomplaciente.

Pregunta clave: ¿Estás emocionalmente avanzado más allá de la necesidad de escucharte a ti mismo?

Ayudar a los demás a pensar más allá de sus funciones

Una de las cosas más poderosas que puedes hacer para generar seguridad de contribución es ayudar a los miembros de tu equipo a pensar más allá de sus funciones individuales. Seguro que has visto cómo los límites de la función de una persona tienden a confinar el pensamiento a esa función. Nos volvemos pequeños y nos encerramos en nuestras perspectivas en lugar de subirnos a nuestro globo aerostático para ver el conjunto y cómo encajan las partes.

Cuando las personas se incorporan a una organización, normalmente lo hacen a un equipo que forma parte de una función o departamento. Y lo primero que hacen es aprender a realizar tareas básicas relacionadas con su función específica. Si estoy en marketing, puedo aprender a lanzar una campaña publicitaria en Google; si estoy en contabilidad, puedo aprender a conciliar el inventario; si estoy en compras, puedo aprender a revisar un nuevo proveedor potencial; si estoy en ingeniería, puedo aprender a escribir código para hacer que nuestra aplicación sea más compatible con los dispositivos móviles; si estoy en ventas, puedo aprender a hacer una demostración del producto. Ya te haces una idea. La cuestión es que la mayoría de nosotros crecemos en organizaciones con una mentalidad táctica basada en las tareas. Desempeñamos nuestras funciones y somos buenos en lo que hacemos.

Pero, sobre todo en entornos muy dinámicos, el equipo necesita cada vez más que contribuyamos en nuestras funciones y pensemos más allá de ellas. ¿Qué requiere esto? Requiere que tengamos tanto la habilidad como la voluntad de hacer esa mayor contribución. Así es como se desarrolla normalmente la parte de la habilidad: un día la organización te toca el hombro y te dice:

—Oye, necesito que pienses estratégicamente. Ve y sé estratégico. Y tú dices:

—Vale, genial. ¿Cómo lo hago?

—No estoy seguro, pero hazlo—, te contestan.

¿Te resulta familiar? Este escenario se repite una y otra vez en las empresas. Así que retrocedamos. Para pensar más allá de tu papel, necesitas tanto habilidad como voluntad. Debería haber dicho voluntad y habilidad. El orden es importante. ¿Consideras que la gente intenta pensar y contribuir más allá de sus funciones si no se siente segura y confiada para al menos intentarlo?

> **Concepto clave**: Antes de que las personas puedan salir de sus silos tácticos y funcionales para pensar estratégicamente, deben ser liberadas por la seguridad de contribución que tú les das.

Una vez trabajé con un señor que era el vicepresidente de compras de una compañía de la lista *Fortune 500*. Se creía superior a sus empleados, como si él fuera el monarca hereditario y ellos fueran campesinos. En una reunión, reprendió a su gente por no pensar más estratégicamente en la estrategia global de compras de la empresa y en la necesidad de exprimir la lista de proveedores aprobados. En efecto, les pedía que pensaran y contribuyeran más allá de sus funciones sin proporcionarles apoyo. Tenía algunas personas con un potencial increíble. Volví un año después y todavía tenía gente con un potencial increíble.

Ayudar a otros a pensar más allá de sus funciones comienza con una oportunidad y una invitación directa. En nuestra empresa, invitamos al equipo de desarrollo de software a pensar en nuestra estrategia de marketing. Invitamos al equipo de ventas a pensar en el desarrollo de software. No es algo a lo que dediquemos tiempo todos los días, pero pedimos deliberadamente a cada empleado que piense más allá de su función.

Principio clave: La invitación a pensar más allá del propio papel expresa un mayor respeto por el individuo y concede un mayor permiso para contribuir.

La forma de hacerlo marca la diferencia. Es necesario que la gente se mantenga centrada en sus funciones principales. He visto a algunos líderes dejarse llevar por un sentido ilimitado de la colaboración que ha desembocado en el caos. Sé deliberado en cuanto a los temas o desafíos que quieres abordar y haz invitaciones específicas para tratar esos temas. A continuación, haz una invitación permanente para que se aporten ideas y sugerencias sobre cualquier aspecto del rendimiento, entendiendo que siempre los escucharás, pero no siempre les harás caso.

Por último, para evitar que un equipo caiga en el caos, el líder debe saber cuándo el descuerdo constructivo está dando paso al descarrilamiento destructivo.

Concepto clave: Es tarea del líder reconocer la diferencia entre el comportamiento disidente y el descarrilado y gestionar el límite entre ambos.

Una cosa es no estar de acuerdo u ofrecer un punto de vista alternativo con intención de contribuir basada en un sentido de dónde está el equipo y si la alternativa es viable. Otra cosa es disentir de una manera que perturbe la moral del equipo y no ayude al progreso general. Los que disienten de forma constructiva se guían por un sentido de autoconciencia y una intención pura. Los que disienten de forma destructiva están mal guiados por un plan personal y una falta de autoconciencia.

Conclusión

Si quieres fomentar una zona azul de seguridad de contribución, crea un entorno verdaderamente colaborativo. Si tu estilo es de mano dura, tu comunicación es didáctica y tu ego frágil, quemarás cualquier semilla de seguridad de contribución que esté empezando a brotar. Recuerda que tú marcas la pauta del modo de ejecución de tu equipo. Si no eres un líder por posición y debes liderar solo por influencia, que es el caso de la mayoría de nosotros, crea seguridad de contribución de la misma manera.

El nivel de seguridad de contribución en tu equipo se expresa en la invitación a contribuir que haces a cada persona para que entre en acción. Es tu cultura y tu ADN en acción. Es la forma de dar y recibir, de empujar y tirar, de hablar y escuchar, de preguntar y responder, de actuar y reaccionar, de analizar y resolver. Recuerda que la gente quiere participar en el partido.

CONCEPTOS CLAVE

- Salvo aquellos que pueden estar paralizados por el miedo o la ansiedad, los seres humanos tienen un profundo e implacable impulso de participar en el partido.
- La preparación para actuar crea el deseo de hacerlo.
- Las organizaciones solo se dedican a dos procesos: la ejecución y la innovación. La ejecución es la creación y entrega de valor hoy, mientras que la innovación es la creación y entrega de valor mañana.
- La innovación ofensiva es una respuesta a una oportunidad, mientras que la innovación defensiva es una respuesta a una amenaza o crisis.

- Cuando una amenaza externa reta el *statu quo*, el miedo natural a desafiarlo se sustituye por el instinto de supervivencia.

- Cuando eres competente y estás dispuesto a dar la cara, estás listo para recibir la seguridad de contribución.

- El intercambio de autonomía por resultados es la base del rendimiento humano.

- Los equipos con miedo te dan sus manos, algo de su cabeza y nada de su corazón.

- Un entorno tóxico frena el rendimiento porque la gente se preocupa por la seguridad psicológica antes de preocuparse por el rendimiento.

- Los líderes pasan la mayor parte de su tiempo dedicados a la investigación y la defensa.

- La relación entre ordenar y pedir del líder da forma a la relación entre la señal y el ruido para el equipo. Si el líder está hablando todo el tiempo, esa información se convierte en ruido.

- Hablar primero cuando se tiene el poder posicional censura a tu equipo.

- Antes de que las personas puedan salir de sus silos tácticos y funcionales para pensar estratégicamente, tienen que ser liberadas por la seguridad de contribución que tú les das.

- La invitación a pensar más allá del propio papel expresa un mayor respeto por el individuo y concede un mayor permiso para contribuir.

- Es tarea del líder reconocer la diferencia entre el comportamiento disidente y el descarrilado y gestionar el límite entre ambos.

PREGUNTAS CLAVE

- ¿Has tenido alguna vez una amenaza externa que te haya quitado el miedo a desafiar el *statu quo*?
- ¿Has concedido alguna vez la seguridad de contribución demasiado rápido cuando la persona no tenía la habilidad o no estaba dispuesta a asumir la responsabilidad de los resultados?
- ¿Qué resultados esperas obtener a partir del intercambio de autonomía por resultados?
- ¿Respetas solo a las personas de alto rendimiento y a las que tienen un alto nivel de educación, o reconoces que la perspicacia y las respuestas pueden provenir de algunas de las personas menos probables?
- ¿Expresas alguna señal no verbal que pueda marginar silenciosamente a los demás y crear una zona roja?
- ¿Cuándo has trabajado en una zona azul? ¿Cuándo has trabajado en una zona roja? ¿Cómo describirías tu motivación en cada caso?
- ¿Tienes una idea clara de cómo perciben los demás tu conducta y tu comportamiento? Aunque creas que sí, pide a cinco personas que te conozcan bien que respondan a esa pregunta.
- ¿Puedes alegrarte de verdad por el éxito de los demás?
- ¿Alguna vez has retenido la seguridad de contribución de alguien cuando se la había ganado?
- ¿Cuál es la relación entre lo que obligas y lo que pides?
- ¿Estás emocionalmente avanzado más allá de la necesidad de escucharte a ti mismo?

ETAPA 4

Seguridad de reto

Toda sociedad tiene sus protectores del statu quo *y sus hermandades de indiferentes que tienen fama de dormir durante las revoluciones. Hoy en día, nuestra propia supervivencia depende de nuestra capacidad para mantenernos despiertos, para ajustarnos a las nuevas ideas, permanecer atentos y afrontar el reto del cambio.*

—MARTIN LUTHER KING JR.

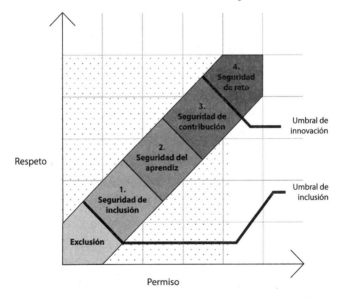

Figura 10. La última etapa del camino a la inclusión y la innovación.

La neuroplasticidad de los equipos

Los investigadores del cerebro solían pensar que los circuitos del cerebro eran fijos. Desde entonces han aprendido que los cien mil millones de neuronas y los cien billones de conexiones entre esas neuronas funcionan de forma increíblemente flexible. El cerebro tiene plasticidad y puede reprogramarse a sí mismo. Un equipo es similar a un gran cerebro. Pero las sinapsis se producen entre personas y no entre neuronas. Asimismo, no hay nada fijo o programado en la velocidad o los patrones de estas conexiones. Los equipos son asombrosamente plásticos, así que realmente no conocemos la capacidad natural de cualquier equipo para rendir. Simplemente sabemos que pueden sorprendernos porque el ingenio humano de un determinado grupo de personas es desconocido e incognoscible. Más que nada, la plasticidad del equipo refleja el comportamiento modélico del líder. Si el líder reprime la disidencia, la gente retrocede de forma tan predecible como los ciervos reaccionan a los movimientos bruscos; si el líder admite la disidencia, aumenta la capacidad de innovación del equipo. Por otra parte, el equipo tiene órganos sensoriales que reaccionan al entorno, adaptándose en función del procesamiento social, emocional e intelectual de las condiciones que lo rodean.

> **Pregunta clave**: ¿Qué patrones ha adoptado tu equipo del líder?

Una vez trabajé con un director general cuyo equipo luchaba por adaptarse en un sector que cambiaba rápidamente. Decía que su equipo no era lo suficientemente inteligente, curioso o emprendedor. Cuando su amígdala se sobreponía a su córtex prefrontal, actuaba por frustración. El tono del equipo cambiaba. Sus esfuerzos por «impulsar» la innovación siempre se traducían en un contragolpe de silencio paralizante. A medida que el miedo extinguía la curiosidad, el equipo se volvía perezoso, obstinado y lento.

Concepto clave: La seguridad de reto democratiza la innovación.

Después de obtener resultados mediocres durante un par de años, este señor feudal fue despedido. Afortunadamente, tuve el placer de trabajar con su sucesor. La anatomía del equipo ejecutivo no cambió, pero el entorno sí lo hizo. El nuevo líder introdujo una nueva tecnología social, que no es otra que la seguridad de reto (figura 10, página 151). Fomentó el respeto y el permiso hasta niveles asombrosos y derribó las barreras culturales de entrada. Al principio el equipo estaba un poco asustado, pero luego llegó una ola de productividad sin precedentes. Los seres humanos están diseñados para responder a la amabilidad y la empatía.[1] Respondieron con una mejora tras otra, una innovación tras otra. El nuevo director general regeneró el sistema neurológico del equipo. La velocidad de la información aumentó. El proceso cocreativo cobró vida. Surgió la capacidad de adaptación. Llevó al equipo a alturas intelectuales que nunca habían conocido. Como unidad, se volvieron más artísticos y atléticos, más disciplinados y exigentes y, en definitiva, mucho más seguros y conscientes de ellos mismos.

Concepto clave: Cuando se trata de innovación, la conectividad aumenta la productividad.

Los cambios en las participaciones trajeron cambios en los resultados. Llegó el flujo de percepciones, conexiones, asociaciones, ideaciones, saltos inesperados y momentos «eureka». Esta es la promesa de la seguridad de reto. Tú puedes hacer lo mismo que hizo este líder si fomentas el diálogo y toleras emocionalmente la disidencia en el camino. Dado que las personas son creativas dentro de un contexto cultural, el trabajo del líder es liberar el impulso creativo en ese contexto.[2]

Esta es la otra cara de la moneda: aunque el cerebro es plástico, tiende a la rigidez. Los equipos también lo hacen, lo que significa que el pasado perdura en el presente. Los primeros patrones de socialización y las normas originales tienden a ser increíblemente obstinados y difíciles de reemplazar.

Concepto clave: Hacer que socialice un equipo con seguridad de reto desde el principio es siempre más fácil que hacerlo más tarde.

El cambio organizativo es un proceso que se mueve a través de tres capas distintas: técnica, de comportamiento y cultural. A menudo empezamos a cambiar las tres capas al mismo tiempo, pero cada una cambia a un ritmo diferente. La primera es la capa estructural o no humana, o lo que llamamos «artefactos». Estos artefactos incluyen sistemas, procesos, estructuras, funciones, responsabilidades, políticas, procedimientos, herramientas y tecnología. Representan partes configurables y pueden cambiarse con relativa rapidez con dinero y autoridad. En la capa de comportamiento, cambiamos la forma en que las personas se comportan al interactuar con la capa técnica y entre sí de nuevas maneras. Pero el simple hecho de que las personas se comporten de forma diferente no significa que quieran hacerlo o que sigan con los nuevos patrones si se les da la oportunidad. Cuando los artefactos sostienen el comportamiento, actúan como un andamiaje, y una vez que se retira el andamiaje, el comportamiento vuelve a los patrones anteriores, a menos que haya cambios en la capa cultural. Esa tendencia a volver es lo que llamamos una regresión a la media. La tercera capa de cambio es la capa invisible, que consiste en valores, creencias y supuestos.

> **Pregunta clave**: ¿Puedes pensar en un cambio que hayas empezado, pero no hayas terminado, en el que hayas vuelto a tu comportamiento original?

En todas las unidades sociales, la capa cultural es lo más difícil de cambiar y la capa que cambia en último lugar. Es el indicador de retraso. Puedes imponer el cambio y conseguir que la gente lo cumpla. Si el jefe médico de un hospital está mirando, los médicos y las enfermeras se lavarán las manos para disminuir el riesgo de infección nosocomial. Pero si el jefe se aleja, su nivel de cumplimiento desciende inmediatamente. ¿Por qué? Porque carecen de motivación intrínseca. Vuelven a sus patrones calcificados.

El comportamiento del equipo es muy parecido. Lo que agrava el problema en la seguridad de reto es que no solo se pide a la gente que cambie su comportamiento, sino que lo haga en un entorno de mayor riesgo personal.

La etapa de los valientes

La etapa culminante de la seguridad psicológica es el lugar donde el respeto y el permiso se cruzan al más alto nivel: una zona superenriquecida dedicada a la exploración y la experimentación. Para pasar de la seguridad de contribución a la seguridad de reto, hay que cruzar el «umbral de innovación», un lugar en el que el mayor nivel posible de seguridad psicológica sustituye a lo que normalmente sería un lugar habitado por el mayor miedo. Pero crear seguridad de reto es mucho más difícil que entenderla. Es la última búsqueda cultural de todo líder.

La seguridad de reto es un nivel de seguridad psicológica tan alto que las personas se sienten capacitadas para desafiar el *statu quo*, abandonando sus zonas de confort para poner sobre la mesa una idea creativa o disruptiva, lo que, por definición, supone una amenaza para la forma de hacer las cosas y, por tanto, un riesgo para ellos mismos. Invitar a la gente a desafiar el *statu quo* es natural y antinatural a la vez. Es natural en el sentido de que el ser humano es innatamente creativo. El biólogo Edward O. Wilson dijo que la creatividad es «el rasgo único y definitorio de nuestra especie».[3] El instinto creativo nos impulsa a desafiar el *statu quo* por el deseo de crear y mejorar las cosas, pero hacerlo no es natural en un entorno que percibimos como inseguro. Si el entorno es un grupo con plena confianza, iremos a por todas con nuestro desafío. Si se trata de un grupo de poca confianza, se activa nuestro instinto de autocensura y nos apartamos de la participación. El ambiente atrae o apaga el impulso creativo de desafiar. Ya de por sí da miedo decir la verdad al poder, pero da aún más miedo decir la opinión al poder porque hay un mayor riesgo personal de rechazo y vergüenza.

Hace poco entrevisté a un vicepresidente de un gran sistema sanitario. Dijo que la organización era más militarista que el ejército. Al principio desafió el *statu quo* en una cuestión de gestión de personal y apenas sobrevivió para contarlo. «Pensé que tenía cerebro, pero creo que no lo tengo», dijo. «En esta organización, haces exactamente lo que te dicen, sin rechistar». Entrevisté a otra mujer que trabajaba en una gran empresa de medios de comunicación en Sudamérica. «No se nos permite ser creativos», dijo. «Si no eres del personal directivo superior, no cuestionas nada. Si lo haces, estás fuera».

Está claro que no todos los líderes están convencidos de que la seguridad psicológica es necesaria para la innovación. En consecuencia, algunos líderes creen que la seguridad psicológica no es más que pedir a la gente que sea amable, bajo la suposición de que necesitan ser mimados antes de que se les pueda exigir que se comprometan. Dos académicos australianos, Ben Farr-Wharton y Ace Simpson, lo explican magistralmente. «Desde la perspectiva de la gestión de sistemas, el propio concepto humano de compasión parece un desperdicio. Esto se debe a que percibir, empatizar, dar sentido y responder al sufrimiento de un colega (cómo definimos el proceso de la compasión organizativa) puede considerarse un proceso indulgente y que consume tiempo que resta importancia a las obligaciones laborales inmediatas».[4]

Los que dicen que la seguridad psicológica no es más que un sentimentalismo compasivo y sensiblero ofrecido por los líderes que no están dispuestos a exigir responsabilidades a los demás, están negando la realidad. Se niegan a reconocer que no se puede coaccionar ni manipular la innovación. El proceso está rodeado de riesgos políticos e interpersonales. A menos que se reduzcan o eliminen esas barreras de entrada y esas violaciones de los derechos humanos, la gente simplemente no se compromete al máximo.

Esta última etapa de la seguridad psicológica rige lo que son claramente las situaciones más sensibles, tensas, politizadas, estresantes, de alta presión y de alto riesgo de todas. Dado que el miedo y el riesgo potencial para el individuo son máximos, el nivel de seguridad psicológica debe ser el más profundo. Con la seguridad de inclusión, estás pidiendo que te incluyan; con la seguridad de aprendizaje, estás pidiendo que te animen; con la seguridad de contribución, estás pidiendo autonomía; pero con la seguridad de reto, el intercambio social ha pasado a otro nivel: el equipo te pide que desafíes el *statu quo*. Es una petición poderosa. Por tanto, la única condición razonable es que la empresa te proteja en el proceso. Si quieren franqueza, necesitas protección, una protección total y continua para ser lo suficientemente valiente como para asumir lo que casi siempre es un riesgo personal considerable.

En caso de que aún no lo hayas comprendido, permíteme hacer un boceto del panorama emocional de la innovación en una organización. Una cosa es utilizar tu talento en actividades creativas o sentir curiosidad por algo por tu cuenta; y otra muy distinta apuntar al *statu quo* de una organización cuando todo el sistema y la cultura lo preservan. Si no existe la seguridad de reto en la empresa, esa curiosidad y creatividad tienen un alto coste. Suele ser un escenario de humillación, dolor y vergüenza, además de la incertidumbre, la ambigüedad y el caos normales. La innovación ya es lo bastante difícil porque no hay seguridad frente al fracaso. Nadie puede dártela. Pero lo que sí puede hacer el líder es quitar el aguijón social y la mordedura emocional del proceso. Como mínimo, la ausencia de seguridad ante los desafíos bloquea el flujo de información que permite la colaboración.

Para las organizaciones que intentan crear un entorno próspero para el talento neurodivergente, incluidos los empleados que demuestran variaciones en el aprendizaje, la atención, el estado de ánimo y la sociabilidad —incluyendo el espectro autista, la dislexia, el déficit de atención, la hiperactividad, la depresión y otras condiciones neurológicas atípicas— la seguridad de reto se convierte en una condición previa para la productividad básica. Según mi experiencia personal, los empleados neurodivergentes son más sensibles a los indicadores de miedo, reaccionan más rápido ante ellos y necesitan más tiempo para salir de las rutinas defensivas. Y, sin embargo, todos necesitamos la seguridad de reto para ayudarnos a ser lo suficientemente valientes como para cuestionar el *statu quo*.

> **Pregunta clave**: ¿Cuándo fue la última vez que fuiste valiente y desafiaste el *statu quo*?

Cuando enseño a los líderes el concepto de seguridad de reto y el intercambio social de franqueza por protección, a menudo asienten con la cabeza y dicen: «Vale, entendido». Es entonces cuando les devuelvo la mirada y les digo: «No, no lo entiendes. Ni siquiera empiezas a entender la magnitud de lo que estás pidiendo a la gente». Te voy a sugerir ahora mismo que dejes este libro y vayas a buscar un espejo. Mírate bien. Si quieres que tu gente innove, tienes que hacer un examen de conciencia y una profunda introspección sobre lo que estás pidiendo. La innovación no es un proceso cómodo y sin fricciones. No, la innovación es violentar el régimen actual. Es salirse voluntariamente de la órbita. Es cambiar la certeza por la ambigüedad. La mayoría de las veces es pedir el fracaso. Eso es solo el lado organizativo. Ahora piensa en el lado personal.

¿Qué les pides a tus empleados cuando les pides que desafíen el *statu quo* y que innoven? Sí, la exploración conlleva una sensación de aventura, pero la realidad es que estás pidiendo a tus empleados que se expongan a la crítica, que se arriesguen a fracasar, que corran el riesgo, que sean vulnerables, que no encajen y que sientan dolor. Y les estás pidiendo que hagan todo esto sin ningún control real del resultado.

¿Ves ahora lo que estás pidiendo? Bueno, si vas a pedir eso, tus empleados te van a hacer una petición razonable. Saben que no puedes prometer cero pérdidas, saben que no puedes eliminar todo el riesgo y saben que no puedes eliminar el dolor. Todo el mundo lo entiende, así que, como mínimo, te piden que les protejas social y emocionalmente mientras se involucran en este proceso de libre elección. «Al menos protégeme de la vergüenza y del rechazo», es la petición. Es una petición razonable. Y no hay que olvidar que no todo el mundo prefiere la contribución creativa a la comodidad.

Esto nos lleva a la cuestión de quién va primero. Una vez estaba formando a un grupo de empleados en una universidad y me senté en una de las mesas para participar en un debate. Uno de los participantes dijo: «Entiendo el concepto de franqueza a cambio de protección. ¿Podría decirles a los ejecutivos que la protección debe ser lo primero? ¿Realmente esperan que sea franco cuando no he visto pruebas de la protección? Puede que sea atolondrado, pero no soy estúpido». Ahí lo tienes.

La franqueza por protección significa que tú, como líder, proteges el derecho de cada persona a hablar con franqueza sobre cualquier tema, siempre que no haga ataques personales o tenga una intención maliciosa. Cuando las personas se sienten protegidas en ese derecho, tienden a ejercerlo (ver la tabla 7).

Concepto clave: El intercambio social por la seguridad de reto es la protección de la franqueza.

La definición de respeto en la cuarta etapa de la seguridad psicológica es «respeto por la capacidad de innovación del individuo». Al igual que las definiciones de respeto por la seguridad de aprendizaje y la seguridad de contribución, el respeto en este nivel es un derecho ganado y no un derecho innato. De esa manera, ganas el derecho para innovar basándote en un historial de resultados. ¿Estoy diciendo que no hay que tener voz hasta que uno se convierta en un experto? No, todo el mundo debería tener voz, pero naturalmente descubrirá que la gente le tomará en serio si esa voz tiene credibilidad detrás.

Tabla 7. **Etapa 4: Seguridad de reto**

Etapa	Definición de respeto	Definición de permiso	Intercambio social
1. Seguridad de inclusión	Respeto por la humanidad del individuo	Permiso para que el individuo interactúe contigo como ser humano	Inclusión a cambio de un estatus humano y la ausencia de daños

2. Seguridad del aprendiz	Respeto por la necesidad innata del individuo de aprender y crecer	Permiso para que el individuo participe en todos los aspectos del proceso de aprendizaje	Estímulos para aprender a cambio de compromiso
3. Seguridad de contribución	Respeto por la capacidad del individuo de crear valor	Permiso para que el individuo trabaje con independencia y su propio juicio	Autonomía guiada a cambio de resultados
4. Seguridad de reto	Respeto por la capacidad del individuo de innovar	Permiso para que el individuo desafíe el *statu quo* de buena fe	Protección a cambio de franqueza

Además del respeto, la naturaleza del permiso también cambia cuando pasamos a la seguridad de reto. En la cuarta etapa, implícita o explícitamente, estamos dando permiso al individuo para desafiar el *statu quo* de buena fe. Esto significa que asumimos que el individuo actúa con un motivo puro para ayudar a mejorar las cosas. No hay otras calificaciones o restricciones. A veces, la gente desafía el *statu quo* con ideas de mejora gradual. A veces se arriesgan y proponen una transformación total de la forma en que hacemos las cosas. A veces vienen con ideas y planes muy elaborados, y a veces vienen solo con una corazonada o un instinto sin fundamento. En una atmósfera de seguridad de reto, aceptamos a todos los que vienen y todas las contribuciones. Puede que nos tomemos algunos desafíos más en serio que otros al considerar la fuente, pero honramos la oferta de cada persona independientemente de la jerarquía. Hacemos que la crítica sea segura. Se espera que todos participen en el pensamiento disruptivo.

> **Pregunta clave**: ¿Sientes que tienes licencia para innovar en tu empresa?

Si has desafiado el *statu quo* sin la seguridad de reto, sin duda recuerdas esa dolorosa experiencia y tienes mucho cuidado de no repetirla. Tu valiente intento se encontró con una retribución. Pensaste que tenías protección total, pero te equivocaste, lo que te dejó desnudo ante el rechazo. Esas experiencias son encuentros neurobiológicos que crean estrés, cicatrices y recuerdos vívidos que nos hacen pecar de precavidos la próxima vez.

En una ocasión, estaba formando a un gran organismo policial. No tardé en percibir que la cultura era tóxica y vengativa. Como era de esperar, en cuanto pasamos a la primera discusión, se podía ver claramente que los miembros de esta organización no estaban lo suficientemente sanos como para mantener siquiera un diálogo básico. Al imponer el miedo constante a las críticas, los líderes habían conseguido crear una atmósfera de cinismo hastiado. La dinámica del grupo era el silencio intercalado con el sarcasmo, el chiste ocasional y el humor cortante. Nadie se atrevía a desafiar el *statu quo* de buena fe. Eso equivaldría a una petición de abuso verbal y emocional, la cual no tardaría en llegar.

Si animas a tu gente a desafiar el *statu quo*, pero no has preparado el clima cultivando la necesaria seguridad de reto, ¿qué puedes esperar razonablemente? ¿Serán tus empleados valientes y se adentrarán en territorio enemigo cuando sepan que su valentía será castigada? ¿La gente se ofrece a opinar cuando se suprimen las opiniones?[5] Solo los tontos se precipitan cuando no es seguro. Si no tienen una protección total que los respalde, es poco inteligente que lo intenten e hipócrita que lo pidas. Incluso si enmarcas el desafío al *statu quo* como una expresión de insatisfacción saludable, sigue siendo subversivo y siempre un riesgo personal. Sin protección no hay franqueza. La gente inventará rutinas defensivas para salvarse del riesgo de la vergüenza.[6] Y si cometen errores, estarán muy tentados de encubrirlos.

Preguntas clave: ¿Cuándo fue la última vez que intentaste encubrir un error? ¿Qué te motivó a hacerlo?

Permíteme ilustrarlo con mi propia experiencia profesional. Durante tres años tuve un jefe japonés en Tokio, el Sr. Tadao Otsuki. Cuando me asignaron la tarea de trabajar para él, me tuve que mentalizar por lo que había leído sobre la rígida naturaleza jerárquica de la cultura empresarial japonesa. Leí un libro sobre la sociedad japonesa que lanzaba esta advertencia: «La expresión de una opinión opuesta a la del jefe se consideraba un signo de mala conducta».[7] «Tengo un problema», pensé, porque no sé cómo hacer mi trabajo sin dar mi opinión, y a veces está destinada a ser contraria a la del jefe. Pero entonces llegó la agradable sorpresa: Tad resultó ser un hombre colaborador y de confianza que me permitió ser valiente. Cultivaba una meritocracia de ideas e ignoraba totalmente los títulos, cargos y la autoridad, lo que nivelaba la dinámica de poder y drenaba la ansiedad del proceso de buscar ayuda o retroalimentación y de sentirse vulnerable cuando lo hacías.[8] En el ocaso de su carrera, este hombre había trabajado para varias empresas multinacionales y había aprendido que los equipos diversos y multidisciplinarios no innovan a menos que estén lubricados con el aceite de la seguridad de reto. Comprendió que la innovación requiere explorar lo desconocido y siempre implica tensión y estrés. Me pidió que fuera valiente, pero primero creó un lugar en la empresa para esa valentía, lo que por supuesto significaría que a menudo ofrecería malas ideas o iría por caminos sin salida. Pero luego había momentos en los que el equipo daba con innovaciones exitosas.

Pregunta clave: ¿Te esfuerzas por ignorar el título, posición o autoridad cuando alguien desafía el *statu quo*?

Como último paso para allanar el camino para la seguridad de reto, demostró transparencia. Compartió toda la información que pudo y lo hizo de manera constante.

Concepto clave: Cuantas más incógnitas elimine el líder mediante la transparencia, menos fuentes de estrés le preocuparán al empleado.

Acepté la invitación. Me aventuré lentamente, observando a mi jefe con atención para detectar cualquier signo de defensa emocional. Con el tiempo, dejé de temer el fracaso o el juicio porque la situación era, como dijo Abraham Maslow, «lo suficientemente segura como para atreverse».[9] Nunca supuso el fin de mi carrera retar algo porque sabía que la cultura lo toleraba e incluso lo esperaba. Es el líder el que crea ese laboratorio organizativo de experimentación, y ese laboratorio requiere condiciones diferentes a las de un modo de funcionamiento puramente ejecutivo. Pensemos en las limitaciones inherentes a la innovación. Normalmente tenemos menos datos, más ambigüedad, más incógnitas y más fracasos, por lo que necesitamos más investigación exploratoria, más tolerancia a las ideas irracionales y más capacidad para absorber el fracaso.[10]

Está claro que la innovación suele producirse en condiciones de estrés, cuando sientes la presión de la competencia, cuando intentas encontrar una solución rodeado de restricciones y limitaciones. No hay nada relajado ni despreocupado en ello.

Concepto clave: En el proceso de innovación no existe una relación necesaria entre el estrés y el miedo.

El estrés y la presión que sentimos no generan miedo automáticamente. Recuerdo muchos momentos en los que trabajé para Tad y sentí una enorme presión y alegría. La presión venía impuesta por nuestras circunstancias competitivas, pero él no añadía una capa de miedo a la mezcla como incentivo perverso para motivarnos. Al crear la seguridad de reto, ayudó a convertir el estrés en energía positiva. Me habían puesto al frente de una organización que estaba perdiendo dinero, el mercado se había hundido y estábamos en caída libre. En lugar de aumentar la tensión interpersonal para acompañar la crisis, mi jefe aumentó la frecuencia de sus contactos conmigo, pero siempre fueron encuentros tranquilos y centrados. Incluso cuando otros aparecían con una emoción desbordante, Tad reducía esa intensidad. Al final, salimos de la crisis con una organización más fuerte, más rápida y más comprometida.

Concepto clave: Es posible liberar la creatividad en una crisis si el líder acepta la disensión y no añade una capa de miedo artificial al nivel de estrés natural existente.

Los orígenes sociales de la innovación

Innovar significa mirar al futuro incierto e intentar hacer algo mejor conectando cosas que normalmente no están conectadas utilizando el pensamiento divergente, lateral, asociativo o no lineal. Básicamente tienes tres opciones. Puedes conectar:

- conocimientos existentes con conocimientos existentes.
- conocimientos existentes con nuevos conocimientos.
- nuevos conocimientos con nuevos conocimientos.

¿Recuerdas que hace unos años Netflix desbancó a Blockbuster del mercado? ¿Cómo lo hicieron? Conectaron el correo postal con los CD. Esas dos cosas ordinarias se convirtieron en la fuente de una improbable innovación revolucionaria. Ese es el patrón la mayoría de las veces. Construimos sobre lo que conocemos, utilizando las herramientas, la tecnología y las ideas que ya tenemos. [11] ¿Cómo crees que se unieron el chocolate y la mantequilla de cacahuete? Pero aquí está la paradoja de la innovación: aunque se construye sobre activos de conocimiento, es el proceso de aprendizaje el que los une para crear valor de nuevas maneras.

Concepto clave: En el proceso de innovación, aprender es más importante que saber.

El aprendizaje es el proceso de combinación de activos de conocimiento, pero esos activos se vuelven constantemente obsoletos. A largo plazo, un proceso de aprendizaje duradero y adaptable es más valioso que los propios activos de conocimiento perecederos.

Si analizamos más a fondo la innovación, podemos ver que hay dos tipos básicos. El tipo 1 es la innovación incremental y derivada, mientras que el tipo 2 es la radical y revolucionaria (tabla 8).

Tabla 8. **Los dos tipos de innovación**

TIPO 1	TIPO 2
• Incremental	• Radical
• Derivada	• Revolucionaria

Pregunta clave: ¿Se te ocurre algún ejemplo reciente de innovación de tipo 1 (incremental y derivada) en tu organización?

Como es de esperar, el tipo 1 es mucho más común porque es natural empezar con lo que conocemos y conectarlo con otra cosa que conocemos. Si eso no funciona, probamos nuevas combinaciones de cosas (figura 11). Combinamos y recombinamos. Eso es la esencia de la innovación. Por eso Steve Jobs dijo: «La creatividad es simplemente conectar cosas». Me gustaría añadir algo a esa afirmación.

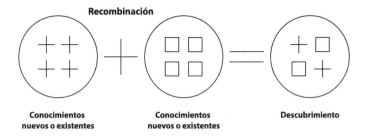

Figura 11. Cómo se generan los descubrimientos.

Concepto clave: La innovación es el proceso de personas conectadas que conectan cosas.

Todos sabemos que el simple hecho de juntar a un grupo de virtuosos no crea automáticamente buena música, tienen que aprender a tocar juntos. Primero deben conectar y de esa conexión surge la magia.

El proceso de innovación

Por supuesto, a la gente puede que se le encienda la bombilla en un momento de genio solitario, un estallido de inspiración o un momento eureka, pero eso es la excepción. Lo más habitual es que la innovación surja de la interacción social. En una sesión de preguntas y respuestas en Facebook, Mark Zuckerberg dijo: «Las ideas no suelen venir a ti. Se te ocurren porque has estado hablando de algo y hablando de eso con mucha gente durante mucho tiempo».[12] Brian Wilson, el genio musical de los Beach Boys, confesó la misma verdad: «La clave de nuestro éxito fue respetar las ideas y opiniones de los demás».[13] Sí, se necesita gente con talento para innovar, pero la magia está en la forma en que se mezclan y fusionan las ideas mientras trabajan juntos en lo que a menudo parece un proceso caótico y espontáneo. No importa si se trata de programar o escribir música, la innovación suele tener un origen social.

¿Se aceptan las preguntas?

Te invito a que seas antropólogo cultural por un día y observes cómo se produce la innovación en tu equipo. Si te fijas bien, te darás cuenta de que la innovación surge básicamente del proceso de indagación. Este proceso comprende cinco pasos, como se muestra en la figura 12.

Como puedes ver, el primer paso es hacer preguntas. Las preguntas actúan como catalizadores: activan el proceso. Sin preguntas, no pasa nada. Y, aun así, debemos reconocer el riesgo.

Concepto clave: Hacer preguntas introduce un riesgo personal.

Si hablamos de cuestiones que apuntan a la innovación, casi siempre introducen más riesgo personal porque desafían el *statu quo*. Atacan la forma de hacer las cosas. Desde el punto de vista de la carrera, esta es la zona de alto riesgo y alta recompensa. Cuestiónate si las preguntas son realmente bienvenidas en tu equipo; no me refiero a preguntas normales, fáciles y no amenazantes, sino a preguntas valientes y revolucionarias.

Pregunta clave: ¿Se aceptan las preguntas en tu equipo?

¿Has cultivado una cultura de la investigación que sea hospitalaria con las preguntas difíciles e incómodas, y la gente lo siente realmente? Si quieres una oleada de ideas, necesitas primero una oleada de preguntas. Si quieres una oleada de preguntas, tienes que alimentar el más alto nivel de seguridad psicológica basado en el respeto y el permiso que das a la gente.

Figura 12. El proceso de investigación.

Vemos rápidamente que todo el proceso de innovación depende de la voluntad de activar el proceso de indagación con preguntas. Todas las organizaciones tienen información e ideas, pero no todas innovan. ¿Cuál es la diferencia? Por si no te has dado cuenta, la consecuencia natural del análisis es la fricción. La gente ve las cosas de forma diferente y saca conclusiones distintas. Ahora viene la parte difícil. ¿Cómo se lubrican los engranajes de la colaboración para reducir la fricción? Si lo consigues, crearás nuevo valor. Pero si la fricción aumenta, la arena se convierte en el lubricante y tus engranajes se detendrán.

Mi jefe japonés era un maestro a la hora de fomentar la cultura de la investigación. Por el tono que marcó, supe dos cosas. En primer lugar, que no había preguntas tontas. Creo que había aprendido por experiencia, como muchos de nosotros, que la línea entre la brillantez y la ignorancia puede ser muy fina. En segundo lugar, que no había preguntas prohibidas, ni temas de los que no pudiéramos hablar. Esas eran las reglas básicas que establecía, reforzadas por su propio comportamiento modélico y por una proporción de conversación y escucha que rondaba el 50 %. Sin su ejemplo y la cobertura que me proporcionó, habría sido reacio a activar el proceso de indagación y a participar en la innovación. Al final, invitar a preguntar es la puerta que abre la innovación. Desalentar las preguntas y castigar a quienes las formulan es lo que cierra esa puerta.

> **Concepto clave**: Si privas a tu equipo de la seguridad de reto separas sin querer al equipo del *statu quo*.

En lugar de proteger a tu equipo contra el pensamiento grupal, lo estás reforzando. Estás condicionando a tu gente a no pensar y a no desafiar, y los equipos aprenden muy rápidamente a no pensar y a no retar. Aprenden rápidamente a «encerrarse en una sala insonorizada de amigos que albergan ideas parecidas».[14]

Que tu equipo innove o no y la rapidez con la que lo haga depende de ti. Tú regulas la velocidad del descubrimiento y la velocidad de la información. Tú aceleras la resolución de problemas. Tú creas un clima de disciplina y agilidad. Tú generas los patrones y las normas predominantes que permiten al equipo autogestionarse.

Trabajé con otro director general que necesitaba mucho oxígeno en cualquier sala y siempre acaparaba las reuniones. No podía bajar del escenario. A petición de un angustiado vicepresidente de recursos humanos, asistí a una reunión ejecutiva con este director general y su equipo para observar la dinámica. En este caso, el director general no fue abiertamente insultante, sino sutilmente degradante. Comenzó la reunión y dirigió el orden del día. Hacía preguntas para que le contestasen «sí» o «no» y se ponía visiblemente nervioso si sus subordinados directos usaban como respuesta algo más que un simple «sí» o «no». En un momento dado, y nunca lo olvidaré, el grupo empezó a discutir un tema y a entablar un diálogo productivo. A los dos o tres minutos, el director general literalmente abrió su ordenador portátil y empezó a enviar correos electrónicos, ¡en medio de la reunión! Miré a la vicepresidenta de recursos humanos con incredulidad y ella me dirigió una mirada de resignación. Así es como censuraba. Al final, el director general perdió su trabajo por culpa de sus propias acciones: fracasó porque su equipo funcionaba como bloques de conocimiento verticales e independientes que nunca se unían.

Es importante recordar que la innovación es interdisciplinaria. Tu éxito no dependerá de la acción independiente, sino de tu interacción dependiente. Si el equipo no es capaz de unirse y trabajar de forma productiva a través de los cinco pasos de la investigación, nunca lo conseguirá, independientemente del talento que tenga. Solo se puede ganar en equipo. Puede parecer poco espectacular, pero cuando se observa cómo se produce la innovación, se ve a la gente hablar, interactuar y debatir. Solo a través de esa interacción y síntesis de ideas se produce la disensión constructiva, la abrasión creativa y el proceso de combinación y recombinación.

Cuando era director de planta en Geneva Steel, aprendí la lección de que todo sistema tiene una restricción. La restricción no solo limita, sino que dicta el rendimiento de todo el sistema. La restricción es el cuello de botella y otras partes del sistema no pueden compensarlo. Piensa en la prueba de relevos de 4 x 400 metros. Cada uno de los cuatro miembros del equipo da una vuelta a la pista. Si eres el miembro más lento, tu lentitud dictará el rendimiento general del equipo. Cada uno depende de los demás. Si los otros tres miembros del equipo corren sus etapas en cuarenta y ocho segundos y tú tardas setenta y cinco, el equipo debe incluir tu tiempo en el total. Independientemente de lo rápido que corran ellos, tú eres el lastre.

La innovación funciona de la misma manera. Tu trabajo como líder es reducir la fricción social y aumentar la intelectual. Esta es la principal forma de eliminar los cuellos de botella de la innovación. Si se logra esto, la gente invertirá profundamente en el proceso porque se apega a lo que crea mediante la fusión de lo racional y lo emocional. Veo a un equipo tras otro exquisitamente bendecido con todos los recursos que necesita para innovar, excepto uno: la seguridad psicológica, que es la limitación del sistema.

Pregunta clave: ¿Qué puedes hacer para reducir la fricción social en tu equipo mientras aumentas la fricción intelectual?

Una cosa es colaborar para la ejecución, que normalmente está al servicio del *statu quo*. Y otra cosa es colaborar para la innovación. Mientras que la ejecución consiste en crear valor hoy, la innovación consiste en crear valor para mañana. Es una misión insurgente, un astronauta dentro de la nave nodriza. Actúan como alborotadores en las instalaciones. En eso consiste el gran proyecto cerebral. El proceso no es ordenado, limpio o lineal: es desordenado y repetitivo. La innovación es la unión de los problemas más difíciles y el caos creativo con la única posibilidad de producir algo mejor.

Concepto clave: El patrón de la innovación es probar mucho y triunfar un poco.

Buscar las diferencias y reducir el riesgo al ridículo

Profundicemos un poco más en el proceso de desatascar la organización para liberar su potencial innovador. ¿Cómo se consigue que fluya la innovación? En primer lugar, hay que buscar las diferencias. En segundo lugar, hay que reducir el riesgo de hacer el ridículo.

Recuerda que la innovación es el proceso de personas conectadas que conectan cosas. Cuando digo conectar cosas, me refiero a cosas que normalmente no están conectadas. Por ejemplo, James Dyson, el inventor de la aspiradora Dyson, dijo que un día fue a un almacén de madera y se fijó en los ciclones gigantes que había en el tejado y que acumulaban polvo. Inmediatamente, empezó a relacionar esos ciclones con su idea de una aspiradora sin bolsa. Si la innovación proviene de la conexión de cosas diferentes, el trabajo del líder es estimular las diferencias en primer lugar. Esas diferencias se convierten en la materia prima que da lugar a la innovación. [15]

No buscas conformidad ni opinión general. De hecho, buscas lo contrario. Quieres crear y sacar a relucir las diferencias. Quieres que la gente establezca conexiones nuevas, extrañas y no obvias. ¿Cómo se hace eso? En primer lugar, creando diferencias en la composición. Eso significa reunir un equipo diverso. La diversidad en la composición puede conducir a la diversidad de pensamiento. Dado que la diversidad crea disensión, los equipos diversos son menos susceptibles al pensamiento de grupo. [16] Ahora tienes que sacar a relucir esas diferencias fomentando el pensamiento divergente. Peter Drucker dijo: «La discrepancia es un necesario estímulo para la imaginación». [17] Una vez más, la consecuencia natural del análisis es la fricción porque la gente ve las cosas de forma diferente y saca conclusiones distintas.

Pregunta clave: ¿Cómo proteges a tu equipo contra los peligros del pensamiento grupal?

¿Ves el delicado equilibrio? Intentas reducir la fricción social, pero no la intelectual. Si tienes demasiada fricción social, la arena se convierte en lubricante y los engranajes de la innovación se detienen. Si tienes demasiada poca, desarrollas un pensamiento homogéneo y te aíslas, perdiendo la capacidad de adaptarte a un entorno cambiante. Hay que alimentar las diferencias y crear un escenario de conflictos que conlleve la presión y el estrés naturales, pero no el miedo.

Mi segunda sugerencia está relacionada con la primera. Cuando las diferencias salgan a la luz, haz todo lo que esté en tu mano como líder para reducir el riesgo de hacer el ridículo.

Para ello, tienes que eliminar cualquier comportamiento de ridiculización en ti mismo y crear una norma que desapruebe cualquier forma de ridiculización e instale una responsabilidad basada en los compañeros para mantener dicha norma. En lo que respecta a la innovación, la seguridad de reto es el facilitador, mientras que el miedo y el ridículo son los inhibidores. La gente nace curiosa, así que el objetivo es ayudarles a mantener la curiosidad. Cualquier forma de ridículo es un bozal intelectual que cierra el paso a la innovación.

Pregunta clave: ¿Sientes el riesgo de hacer el ridículo en tu equipo?

Recuerdo estar en una reunión con mi equipo en la que nuestro director financiero ridiculizó abiertamente a nuestro director de marketing por algunas de sus ideas y la forma en que quería asignar su presupuesto. En lugar de interceder y llamar la atención al director financiero en ese mismo momento, lo dejé pasar. Lo dejé pasar delante de todo el equipo. Toleré el ridículo, y mi inacción ese día envió un mensaje cobarde que pasé el mes siguiente tratando de deshacer. Como no cumplí mi palabra, abrí la puerta a más burlas y se la cerré a más innovación. Mi falta de valor puso en peligro la seguridad de nuestros retadores.

Un equipo de psicólogos sociales israelíes y europeos ha comprobado recientemente la relación entre la seguridad psicológica y la creatividad. El simple hecho de saber que tu vulnerabilidad no será explotada te anima a ser valiente y a contribuir al proceso generativo. [18]

Como afirma el psicólogo Mihaly Csikszentmihalyi, «cada uno de nosotros nace con dos conjuntos de instrucciones contradictorias: una tendencia conservadora, formada por instintos de autoconservación, de engrandecimiento y el ahorro de energía; y una tendencia expansiva compuesta por instintos de exploración, de disfrute de la novedad y del riesgo: la curiosidad que conduce a la creatividad pertenece a este conjunto».[19]

> **Concepto clave:** Nada puede apagar la curiosidad y la indagación exploratoria más rápidamente que una pequeña dosis de ridículo administrada en el momento justo.

He conocido a líderes que pensaban que era aceptable utilizar el ridículo como un recurso, quizás razonando que todas las veces que no lo utilizaron compensarían las pocas veces que sí lo hicieron. Esto no funciona así. Si te burlas de una idea una vez por cada diez veces que no lo haces, es la burla lo que recordamos.

> **Concepto clave:** El reto de la seguridad de reto es que se tarda en crear, pero no en destruir.

¿Estás preparado para equivocarte?

Recuerda el intercambio social para la seguridad de reto: protección a cambio de franqueza. Si tu organización se basa en la innovación, te tomarás en serio la tarea de proporcionar la protección total necesaria a los demás cuando se aventuren a desafiar el *statu quo*. Estarás más motivado para demostrar una receptividad fundamental tanto a las personas como a las ideas, una apertura cognitiva y emocional que los demás perciben claramente. Además, desarrollarás la capacidad de equivocarte. Esa apertura activa y facilita el proceso de innovación. Sí, eres jugador y entrenador y puedes participar en el desafío del *statu quo* como tú mismo, pero tu papel principal es patrocinar y proteger en lugar de atrapar y desinfectar las ideas que vienen de todas partes.

Algunos líderes no pueden apartarse de este proceso. Se quedan con las buenas ideas y las desechan o las adoptan como propias. Si tienes una necesidad insuperable de posición social, si anhelas que te den crédito y si te gusta el poder, si necesitas tener razón, la creación de seguridad de reto puede ser tu mayor reto de liderazgo. Como dijo Óscar Muñoz, director general de United Airlines: «Lo más triste es que la gente no haya descubierto el lado de la inteligencia emocional. Tienes que convertirte en el tipo de persona a la que la gente está dispuesta a acercarse y aconsejar».[20]

Una vez tuve un jefe que no era muy bueno equivocándose. Era un líder desvergonzado con un profundo sentimiento de su propio privilegio. Tenía una actitud de «los que creen saberlo todo son muy ofensivos para los que sí lo sabemos». Era dogmático, didáctico y pedante. No solo resultaba cansino estar cerca de él, sino que era arriesgado. Su ego desbordante cerraba la seguridad de reto allá donde iba. No es de extrañar que la gente se adaptara rápidamente a su estilo. Uno de los primeros ajustes que hizo su equipo fue convertir una reunión real en una farsa. Veneraban al jefe con nervioso respeto en la reunión oficial, pero luego celebraban la verdadera reunión en forma de discusiones en el estrado y farsas de juicios.

Concepto clave: Cuando un líder sustituye personalmente la búsqueda de la innovación por la rivalidad por el protagonismo, el equipo no puede lograr la cohesión social necesaria para el proceso cocreativo de la innovación.

Mi jefe practicaba la territorialidad controlando el tiempo de habla, la versión moderna de un modelo anticuado de dominación que incluso selló su destino. Fue despedido. La gran paradoja de este jefe es que, aunque era muy inteligente, actuaba así porque se sentía vulnerable. No quería exponerse a la amenaza o a la vergüenza, pero en el mismo acto de intentar darse seguridad a sí mismo, nos la estaba quitando a los demás. Este es exactamente el patrón de muchas personas inteligentes. [21]

Hay que ser humilde, estar abierto y hay que escuchar y, si no lo haces, la gente que te rodea acabará por no tener nada que decir. Una vez entrevistaron al mundialmente famoso violonchelista Yo-Yo Ma y le preguntaron: «¿Cuál es la clave para una colaboración fructífera, especialmente entre culturas o disciplinas?». Su respuesta: «Gestión del ego». En las empresas pequeñas y en los niveles inferiores de las grandes, veo el patrón de la arrogancia con menos frecuencia, pero a medida que se asciende a altos cargos, aparece con más frecuencia. El experto en liderazgo Manfred Kets de Vries afirma: «La disfunción más frecuente en los niveles superiores es el narcisismo patológico. El narcisismo no es algo que una persona tenga o no tenga. Todos poseemos características narcisistas en cierto grado».

La velocidad del cambio fuera de una organización favorece ahora al líder que explora, vigila la periferia y amplía el campo de visión de toda la organización. Cada vez más, no veremos a nuestros líderes como si tuvieran las respuestas; los veremos como aquellos que pueden sacar esas respuestas aprovechando el potencial creativo de la organización.

Si tienes poder posicional, ¿qué debes hacer? En primer lugar, tienes que saber que hacer todo esto será difícil. El riesgo y el miedo están estrechamente asociados a la autoridad formal. La gente querrá adularte y no molestarte, perturbarte o irritarte. Medirán lo que te vayan a decir. Haz que tu organización sea culturalmente plana, aunque no lo sea estructuralmente. Hazla igualitaria. Haz que el estatus sea una restricción artificial.

He aquí tres sugerencias prácticas: en primer lugar, haz que todos los miembros de tu equipo se turnen para dirigir las reuniones habituales. Demasiados líderes monopolizan esa responsabilidad. Dale a cada uno su turno. Esto hará que se esfuercen, pero también fomentará la confianza. En segundo lugar, realiza un breve segmento de formación cada semana y, de nuevo, rota la responsabilidad de dirigir la formación. Asegúrate de que los individuos menos experimentados y de menor categoría tengan la oportunidad de formar a los más experimentados y de mayor categoría. Esto envía un mensaje claro y acelera el desarrollo. En tercer lugar, cuando tengas una conversación individual con un miembro del equipo, dirígete a él en lugar de que él vaya a ti. Craig Smith va al escritorio de un estudiante y se arrodilla a su lado para ayudarle con un problema de cálculo. Es un poderoso gesto de liderazgo de servicio que reduce la brecha de estatus. «Allí donde se derrumbaron las barreras puestas al libre ejercicio del ingenio humano», comenta el economista austriaco Friedrich August von Hayek, «el hombre se hizo rápidamente capaz de satisfacer nuevos órdenes de deseos».[22]

Por último, ten cuidado con la maldición del éxito. Desgraciadamente, el éxito puede no ser tu amigo cuando se trata de alimentar la seguridad de reto. Probablemente tú mismo hayas visto este patrón: el éxito genera arrogancia, y la arrogancia genera una falta de humildad, compasión y deseo de aceptar la retroalimentación.[23] Puede que tengas un historial impresionante gracias a tus agallas y determinación, pero no dejes que tu éxito se convierta en un factor limitante o en algo que lo arruine.

Asigna formalmente la disidencia desde el comienzo

El enemigo de la innovación es la homogeneización del pensamiento. ¿Cómo te vas a proteger contra ella?[24] Respuesta: tienes que asignar la disidencia. No basta con modelar el comportamiento correcto y reforzar informalmente las normas; hay que asignar formal y oficialmente la disidencia.

Algunas industrias han dominado esta práctica por necesidad, ya que operan en entornos de alto riesgo. Por ejemplo, la NASA empezó a desplegar lo que llamaban equipos tigre en los años sesenta. Un equipo tigre era «un equipo de especialistas técnicos no domesticados y desinhibidos, seleccionados por su experiencia, energía e imaginación, y asignados para rastrear implacablemente todas las posibles fuentes de fallo en un subsistema de la nave espacial».[25] Su trabajo consistía en buscar posibles problemas, fallos y riesgos. Los departamentos de informática hacen lo mismo cuando encargan a los denominados sombrereros blancos que busquen vulnerabilidades y posibles fuentes de una violación de la seguridad de los datos.

Pregunta clave: ¿Tienes la costumbre de asignar formalmente la disidencia a proyectos, iniciativas o propuestas de actuación?

Por último, he trabajado con muchas empresas tecnológicas de Silicon Valley que utilizan lo que llaman equipos rojos con un propósito similar. Puedes llamarlo oposición leal, hacer de abogado del diablo o hacer un *pre mortem*. No importa cómo lo llames. Lo que importa es que te encargues formalmente y dediques oficialmente recursos para examinar las ideas y para que te digan por qué algo podría no funcionar, dónde es débil o por qué es defectuoso. Esto proporciona la protección necesaria para la franqueza que ayuda al equipo a atravesar las capas de prejuicio del *statu quo* y la aversión a las pérdidas que normalmente protegen el estado actual. También eleva culturalmente el papel de la disidencia y la hace social y políticamente aceptable.

Concepto clave: Asignar la disidencia a un proyecto, una prioridad o una iniciativa desde el principio elimina el miedo natural que normalmente se asocia a cuestionar el *statu quo*.

No solo estás dando a la gente una licencia para desafiar, sino que también estás estableciendo la expectativa. Según mi experiencia, asignar la disidencia es el mecanismo más eficaz del que dispone un líder para cambiar una cultura hacia la agilidad. Nada puede restablecer las normas culturales con más rapidez y fuerza.

Conclusión

La mayor fuente de la capacidad de adaptación, competitividad y autopreservación, es decir, la clave de la resiliencia y la renovación, es la continua capacidad de una organización para aprender y adaptarse. Esta capacidad es la que nos permite participar en la innovación y ofrecer una respuesta adaptativa o preventiva. Aunque pueda parecer una amenaza personal, los líderes deben ser los primeros en modelar las pautas de la agilidad del aprendizaje. Esto no solo supone un cambio fundamental respecto al modelo de liderazgo experto, sino que también requiere que los líderes asuman una postura emocional y social muy diferente. Los líderes serán cada vez más competentes gracias a su capacidad de aprendizaje y adaptación, en lugar de depender de sus conocimientos y habilidades actuales.

Ahora, algunas sugerencias finales para crear seguridad de reto:

- Tienes que saber que eres el conservador de la cultura. Tú estableces la pauta. Protege a toda costa el derecho del equipo a expresarse. Denuncia a todo aquel que intente silenciar a los demás.
- A veces verás algo que ellos no pueden ver. A veces ellos verán algo que tú no puedes ver. Si te guardas tus propias ideas, ellos harán lo mismo. No muestres orgullo de autoría.
- Dales a todos los miembros de tu equipo el deber de estar en desacuerdo. Después prepárate para escuchar la verdad. Recuerda que una respuesta negativa a las malas noticias o al desacuerdo volverá a

silenciar al equipo y sellará tu destino como líder desafortunado.

- No hagas que sea emocionalmente costoso cuestionar el *statu quo*. Pide a los miembros de tu equipo que desafíen cosas concretas y que discutan ideas en función del mérito.
- Un equipo suele perderse y fracasar temporalmente antes de encontrar el camino y acabar teniendo éxito. Este es un viaje normal. El proceso es desordenado, repetitivo y no lineal, y puede haber algún obstáculo en el camino. Señala que te encuentras en un territorio inexplorado y ayuda a tu equipo a disfrutar del viaje.
- Si rechazas la sugerencia de un miembro del equipo, muestra sensibilidad explicando el motivo. Tu respuesta considerada animará a la persona a mantener y utilizar su voz.[26]

CONCEPTOS CLAVE

- La seguridad de reto democratiza la innovación.
- Cuando se trata de innovación, la conectividad aumenta la productividad.
- Hacer que socialice un equipo con seguridad de reto desde el principio es siempre más fácil que hacerlo más tarde.
- El intercambio social por la seguridad de reto es la protección de la franqueza.
- Cuantas más incógnitas elimine el líder mediante la transparencia, menos fuentes de estrés le preocuparán al empleado.
- En el proceso de innovación no existe una relación necesaria entre el estrés y el miedo.

- Es posible liberar la creatividad en una crisis si el líder acepta la disensión y no añade una capa de miedo artificial al nivel de estrés natural existente.
- En el proceso de innovación, aprender es más importante que saber.
- La innovación es el proceso de personas conectadas que conectan cosas.
- Hacer preguntas introduce un riesgo personal.
- Si privas a tu equipo de la seguridad de reto sin querer diriges a tu equipo hacia el *statu quo*.
- El patrón de la innovación consiste en probar mucho y triunfar poco.
- Nada que pueda apagar la curiosidad y la indagación exploratoria más rápido que una pequeña dosis de ridículo administrada en el momento justo.
- El reto de la seguridad de reto es que se tarda en crear, pero no en destruir.
- Cuando un líder sustituye personalmente la búsqueda de la innovación por la rivalidad por el protagonismo, el equipo no puede lograr la cohesión social necesaria para el proceso cocreativo de la innovación.
- Asignar la disidencia a un proyecto, una prioridad o una iniciativa desde el principio elimina el miedo natural que normalmente se asocia a desafiar el *statu quo*.

PREGUNTAS CLAVE

- ¿Qué patrones ha adoptado tu equipo del líder?
- ¿Puedes pensar en un cambio que hayas empezado, pero que no hayas terminado, en el que hayas vuelto a tu comportamiento original?

- ¿Cuándo fue la última vez que fuiste valiente y desafiaste el *statu quo*?
- ¿Sientes que tienes licencia para innovar en tu empresa?
- ¿Cuándo fue la última vez que intentaste encubrir un error? ¿Qué te motivó a hacerlo?
- ¿Se te ocurre algún ejemplo reciente de innovación de tipo 1 (incremental y derivada) en tu organización?
- ¿Se aceptan preguntas en tu equipo?
- ¿Qué puedes hacer para reducir la fricción social en tu equipo mientras aumentas la fricción intelectual?
- ¿Cómo proteges a tu equipo contra los peligros del pensamiento grupal?
- ¿Sientes el riesgo de hacer el ridículo en tu equipo?
- ¿Tienes la costumbre de asignar formalmente la disidencia a proyectos, iniciativas o propuestas de actuación?

CONCLUSIÓN

Evitar el paternalismo
y la explotación

Solo recuerda que tu verdadero trabajo es que, si eres libre, tienes que liberar a alguien más. Si tienes algo de poder, entonces tu trabajo es empoderar a alguien más.

TONI MORRISON

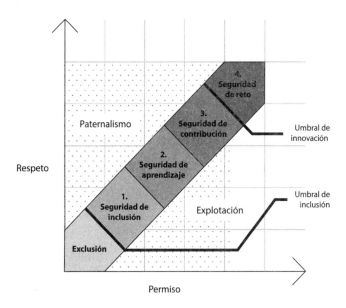

Figura 13. Peligros que aparecen cuando los niveles de respeto y permiso son bajos.

La seguridad psicológica requiere tanto el respeto como el permiso para participar. Uno sin el otro crea un peligroso desequilibrio que perjudica a las personas de diferentes maneras. Una grave carencia de permiso empuja a un equipo a caer en manos del paternalismo, mientras que una grave carencia de respeto lo lleva a la explotación (ver figura 13, página anterior). En cualquiera de los dos casos, la organización carecerá de la motivación, la confianza y la cohesión de la unidad para rendir al máximo.

Concepto clave: El paternalismo y la explotación inundan de miedo la organización.

La falta de permiso del paternalismo crea el miedo al aislamiento social. Cuando te dicen constantemente lo que tienes que hacer, te acostumbras a ello, volviéndote gradualmente pasivo e inseguro de ti mismo hasta el punto de que ser autosuficiente se convierte en una perspectiva aterradora. Buscas la comodidad más que la libertad, la seguridad más que la independencia.

¿Cómo es posible que la presión social para conformarse sea más fuerte que el deseo de expresar tus opiniones y tomar tus propias decisiones?[1] El paternalismo y la explotación tienen la respuesta. O te han enseñado a ser servil y obediente o te han obligado a serlo. Pasé un tiempo en Polonia unos años después de la liberación de Europa del Este. Cuando me reuní con hombres y mujeres y visité varias fábricas, la persistente influencia soviética y la larga noche de despotismo se revelaron en patrones obstinados de paternalismo y explotación que no parecían desaparecer. Algunas personas cedieron al paternalismo comunista y se contentaron con afrontar un futuro sin esperanza. Otros permanecieron indomables, se sacudieron las cadenas de la opresión y se dedicaron a crear empresas y a mejorar las cosas.

Del mismo modo, la falta de respeto de la explotación crea el miedo al daño, además del miedo al aislamiento. Una vez, cuando estaba en Shanghái por negocios, el caballero con el que me reunía me dijo que celebraba reuniones confidenciales en la calle en lugar de hacerlo en su oficina porque temía que su oficina tuviera micrófonos y que estuviera vigilado por el gobierno.

En ambos casos, el paternalismo y la explotación carecen de las cantidades equilibradas de respeto y permiso que crean seguridad psicológica, lo que lleva a los individuos y a las organizaciones a rendir por debajo de su potencial. Entrevisté a una mujer que había vivido y trabajado bajo un régimen represivo y autocrático en Sudamérica. «Nunca se nos permitió ser creativos», dijo. Los patrones de paternalismo y explotación son universales, habitan en todas las sociedades y penetran en todas las culturas. Veamos con más detalle cada uno de estos dos patrones.

La canaleta del paternalismo

El paternalismo consiste en decirte lo que tienes que hacer, supuestamente en tu propio interés. Una autoridad superior suplirá tus necesidades o regulará tu comportamiento porque no cree que puedas hacerlo por ti mismo.[2] Las leyes son la forma más común de paternalismo: hay que tener dieciocho años para votar, hay que ponerse el cinturón de seguridad, no debes nadar en aguas revueltas... Estas son medidas sensatas, pero permíteme darte algunos ejemplos menos ilustrados de leyes reales registradas: no puedes echarte gasolina tú solo, no puedes acosar al Yeti, no puedes comer pollo frito excepto con tus propias manos, no puedes caminar hacia atrás después de la puesta de sol...

A menudo se nos dice que necesitamos un padre, profesor, entrenador o jefe benévolo que nos proteja, gestione nuestra libertad y dirija nuestras acciones para que no nos hagamos daño a nosotros mismos o a los demás, especialmente con el pollo frito. Está claro que hay ocasiones en las que este tipo de despotismo benigno está justificado. ¿Recuerdas a mi hijo, que estaba practicando para sacarse el carné de conducir? Lo sacó, y cuando fuimos a recogerlo, la mujer que le expidió el permiso le dejó muy claro que sus padres tenían derecho a revocar su licencia en cualquier momento. El poder del paternalismo es a menudo bueno y necesario. Nos protege hasta que somos lo suficientemente sabios como para protegernos a nosotros mismos.

Preguntas clave: ¿Muestras signos de paternalismo innecesario hacia algún grupo o individuo? ¿Por qué lo haces?

El falso paternalismo significa que concedemos cierto respeto al individuo, pero le negamos el poder de elegir. Hay un momento y un lugar para el paternalismo apropiado, pero cuando continúa después de que el individuo haya demostrado su capacidad de aprender, contribuir o innovar sin mucha dirección y orientación, es el momento de dar marcha atrás. Y no solo eso, sino que es hora de escuchar, animar y potenciar al individuo. Cuando estás controlado por motivación innecesaria, buscas castigos o recompensas fuera de ti.[3] Te quitan la autonomía y, en el proceso, el impulso interno a la acción.

Principio clave: El paternalismo innecesario corre el riesgo de generar dependencia e impotencia aprendida por un lado y frustración y rebelión por otro.

La enseñanza superior, la sanidad y la administración pública son sectores marcados por la profesionalidad, la competencia y un profundo sentido de la colegialidad. Pero estos sectores son también más reacios al riesgo que el sector privado y no suelen tener una norma o un proceso establecido para lanzar o probar nuevas ideas. Tienden a colgar el cartel de «no molestar», a unirse en una cultura de «hacer las cosas bien» y a dirigir desde el paternalismo.

He trabajado con muchas universidades, organizaciones sanitarias y agencias gubernamentales y me encuentro constantemente con este patrón. Las organizaciones sanitarias están animadas por la misión de prolongar la vida y no hacer daño y, aun así, la mayoría de los hospitales están dominados por culturas autoritarias disfuncionales que no difieren de la de mi planta siderúrgica. Del mismo modo, las instituciones de enseñanza superior se dedican a la educación y la investigación y se inclinan por la opinión general. El arraigado sentido del respeto por la humanidad de estas instituciones es irreprochable. Sin embargo, la dificultad radica en la forma en que conceden permiso a sus miembros para aprender, participar y, sobre todo, innovar. Cada sector está profundamente arraigado en una tradición de cambio hostil progresivo y liderazgo paternalista. Si no crees que el paternalismo es un lastre en tiempos de crisis, piensa que ochenta y cuatro instituciones de enseñanza superior sin ánimo de lucro en Estados Unidos han cerrado sus puertas o se han fusionado desde 2016.[4]

En lugar de disuadir a la gente de que desafíe el *statu quo* por miedo, estos sectores tienden a hacerlo por negligencia. Escuchan las ideas, toleran el debate, expresan su aprecio por las propuestas de líneas de acción revolucionarias, lo toman todo en consideración y sonríen. Pero luego no pasa gran cosa. Como resultado, la gente no se autocensura por miedo; simplemente se va por frustración.

Ayudé a una transformación organizativa en un importante hospital de investigación que duró un año. Tanto en el lado clínico como en el administrativo, pasamos meses elaborando planes de transición que llevarían a la organización de su estado actual a uno mejor. Teníamos planes estratégicos a largo plazo, planes tácticos a corto plazo y planes operativos a aún más corto plazo que incluían tareas, fechas de entrega y otros detalles. Después de toda esta preparación, el equipo ejecutivo regresó y dijo: «No creemos que la organización esté preparada para la transición. Vamos a pensar en hacerlo el año que viene».

Lo que este hospital había aprendido es la lección que la mayoría de los líderes paternalistas acaban aprendiendo: el paternalismo es seguro a corto plazo, pero se vuelve peligroso a largo plazo. En tu bondad, cortas la circulación del conocimiento local que te llega desde los puestos más bajos de la organización, sufres las consecuencias del aislamiento y te encuentras en crisis más adelante.

La sanidad, la enseñanza superior y la administración pública son buenos ejemplos de paternalismo, pero existe en todas las industrias y sectores. En la mayoría de las sociedades paternalistas existe un gran respeto hacia la autoridad y un deseo de honrar el pasado. La gente intenta decir que sí a todas las peticiones porque no quiere parecer desleal. Decir que no es una respuesta impopular y nadie quiere enfrentarse a la desaprobación social. Con el tiempo, el paternalismo conduce a una baja tolerancia a la franqueza y a la falta de valentía. Si la pauta se institucionaliza de forma generalizada y profunda, agrava el riesgo y suele estallar en una crisis.

Salvo las catástrofes naturales, casi todas las crisis humanas se anuncian con antelación. En las organizaciones paternalistas, las advertencias suelen quedar desatendidas. Los escándalos y los fracasos empresariales no surgen de la nada. ¿Por qué una organización decide repetidamente no responder a las señales de alerta temprana? Las organizaciones ágiles y alerta responden; las paternalistas y lentas no.

La canaleta de la explotación

La explotación combina el alto permiso con el bajo respeto. Suele estar motivada por la tentación universal del despotismo: el impulso de controlar a los demás para obtener beneficios y gratificaciones.

> **Concepto clave:** Ya sea personal u organizativa, la explotación requiere algún tipo de aparato represivo para extraer valor de los seres humanos, ya sea mediante la manipulación o la coacción.

La explotación es gradual, pero siempre se basa en la lealtad del explotador a la ambición egoísta. James Madison nos recordó en *Federalist Paper 10* que «los estadistas ilustrados no siempre llevarán el timón». Pensemos en Jack Ma, el fundador del gigante chino de Internet, Alibaba, y su promoción de lo que él llama el horario de trabajo 996: trabajas de 9 de la mañana a 9 de la noche, seis días a la semana, sin pago de horas extras. ¿No es interesante que lo enmarque como una «filosofía» para darle más legitimidad? Del mismo modo, mi sobrino acaba de terminar de trabajar en un importante banco de inversiones y se le exigió que trabajara de 6 de la mañana a 9 de la noche todos los días. ¿Hay alguna preocupación por las necesidades de los seres humanos en este caso? No, es la pura extracción de utilidad. La asimetría en la forma de crear y capturar el valor es la señal de alarma. Cuando la adquisición se convierte en una adicción, los jefes de las empresas ajustan sus organizaciones basándose en una teoría de la empresa basada en la rentabilidad para los accionistas.[5] Ese es el principio y el fin de su gestión, que a menudo conduce a tendencias depredadoras hacia los empleados.

Lo que me preocupa es que la gente pueda condicionarse a aceptar la explotación, lo que conduce a la normalización del abuso. Reflexiona sobre estas palabras del gran novelista ruso Alexander Solzhenitsyn: «Los campesinos son un pueblo mudo y sin escritura y no nos legaron quejas ni memorias».[6] Puede que se refiriera a otro tiempo y lugar, pero el patrón es el mismo: cuando se permite la explotación, la gente aprende a aceptarla sin quejarse. Incluso aquellos que son explotados pueden convertirse en defensores de la misma explotación que sufren. Lo que lo hace confuso y, por tanto, lo mantiene, es cuando los líderes alternan actos de bondad y generosidad con actos de violencia y abuso.

Concepto clave: La explotación es el proceso de extraer valor de otro ser humano sin tener en cuenta el valor inherente de esa persona.

En la sociedad civil, la mayoría de las formas de explotación coercitiva son ilegales y, por tanto, menos visibles. Irónicamente, hemos purgado oficialmente a la sociedad civil de la esclavitud y, sin embargo, el tráfico de personas está en su punto más alto, con un estimado de cuarenta millones de personas haciendo trabajos forzados y precarios. Pero las formas más comunes de explotación no son ilegales, solo inmorales. Adoptan la forma de grosería, falta de amabilidad, incivilidad y abuso, y se cobran un precio aterrador. Christine Porath y Christine Pearson, por ejemplo, demuestran en su investigación que el 98 % de los trabajadores han experimentado un comportamiento irrespetuoso en el trabajo. La mitad afirma recibir un trato descortés en el trabajo al menos una vez a la semana.[7]

Preguntas clave: ¿Muestras signos de explotación hacia algún grupo o individuo? ¿Por qué lo haces?

Cuidado con el país del falso compañerismo

He dicho en el prefacio que los seres humanos anhelan pertenecer a algo. Pero ese anhelo puede llevarse demasiado lejos. Cuando los demás se aprovechan de tu necesidad de pertenencia, llega un momento en que debes decir adiós, es decir, es mucho mejor vivir sin aprobación, si esta es fingida y destructiva. Como ha observado acertadamente el filósofo Terry Warner, «la aprobación se presenta como un alivio de esta inseguridad».[8] En algún momento, simplemente tenemos que dejar de preocuparnos por lo que piensen los demás. Si no, nos volvemos vulnerables a una mayor explotación, dando a otros el poder de controlarnos o manipularnos y convirtiéndonos en víctimas. La aprobación social, la pertenencia y la conexión son necesidades pero nadie necesita una validación constante. Si el miedo que más te consume es el de estar solo, eres una presa fácil de la cultura de la intimidación, y harías bien en alejarte del espejo social. En el mundo digital, ser feliz en tu propia compañía es una habilidad de supervivencia. Cuando es necesario, el rechazo sano de la opinión popular es algo hermoso.

> **Concepto clave**: Ansiamos la atención, a veces incluso si es del tipo equivocado. La atención por sí sola nunca satisface, pero puede herir profundamente.

Mi hijo llegó un día a casa del instituto y estuvo hablando de la cantidad de seguidores que tenían sus amigos en Instagram. Luego me contó que varios de ellos utilizan las tarjetas de crédito de sus padres para comprar seguidores. Por si eso no fuera suficientemente alarmante, me dijo que algunos de los padres lo fomentan. El botón de «me gusta» se ha convertido en un altar de adoración.

Si quieres ser feliz, a veces tendrás que desconectar educadamente para protegerte. Cualquiera que piense que su valor inherente disminuirá si no tiene la validación constante de los demás no entiende el significado de inherente. [9]

Mucha gente está dispuesta a avergonzarte si no te unes a ellos, haces lo que ellos hacen, piensas lo que ellos piensan o te pones lo que ellos llevan. Si tu felicidad depende de la opinión popular, prepárate para ser infeliz.

Una cultura de la intimidación exige conformidad y arroja desprecio a quienes se atreven a abandonar su compañía. En un lugar así, las relaciones se basan en la reciprocidad de los halagos y las falsas alabanzas. En este campo de distorsión de la realidad autoimpuesto, creamos ficción para nuestros vecinos, y ellos para nosotros. Nos alimentamos de la apariencia y la imagen y bebemos el fuerte vino del autoengaño. Si vives o trabajas en un lugar de cobardes como este, por favor, recuerda que los humanos siempre han creado unidades sociales en las que cualquiera es bienvenido y la admisión es gratuita, pero la verdad está prohibida. Puedes ser quien quieras ser, excepto tú mismo.

En el país del falso compañerismo, los miembros adquieren su sentido de identidad a partir del sentido común de superioridad que sienten por ellos mismos y el sentido común de desprecio que sienten por los demás. Las relaciones son superficiales y la lealtad, condicionada. La gente entra en esas relaciones para evitar la verdad sobre ellos mismos.

Concepto clave: En el país del falso compañerismo,
la competencia antinatural sustituye al afecto natural.

¿Pero qué pasa si ya estás en el país del falso compañerismo? ¿Qué pasa si estás en una relación de la que necesitas escapar, soportando un trato abusivo y tolerando un comportamiento destructivo? ¿Qué haces? En primer lugar, entiende que la otra parte a menudo tratará de convencerte de que la necesitas o de que debes aceptar su trato. Prepárate para una manipulación habilidosa. La respuesta de control es tan predecible como el amanecer. Como dice la canción de los Eagles: «*You can check out anytime you like. But you can never leave*», es decir, «Puedes hacer el check out cuando quieras. Pero nunca podrás irte de verdad».[10] La verdad es que sí puedes irte.

Si te explotan, abusan de ti o te acosan, te están negando el respeto y el permiso a los que tienes derecho como ser humano. Si eso no va a cambiar, date seguridad de inclusión. A veces eso significa quedarse solo, absorber una pérdida económica, ser incomprendido o sufrir un golpe en tu reputación. En mi propia vida profesional, he sido testigo de lo peor del terrorismo psicológico y he visto cómo destruía la autoestima y ahogaba la iniciativa y la creatividad. He trabajado con socios comerciales que se han dejado llevar por la avaricia y la ambición desmedida y no creen que sea un crimen dejar una estela de destrucción económica y emocional tras de sí. Ha habido momentos en los que fui demasiado confiado y no reconocí las señales de advertencia de segundas intenciones. Todos hemos sido víctimas de un líder inseguro, de un pretendiente cruel o de un explotador de poca monta. Tarde o temprano nos encontramos nadando en una zona roja, donde somos el receptor del daño y la humillación.

Como compañeros de viaje, nos arrastramos unos a otros. Como dije en el prefacio, todos estamos heridos y somos culpables. Pero cuando el daño se produce deliberada y continuamente, eso es abuso. Es hora de crear límites y cambiar los términos del compromiso. No puedo abordar el vasto océano de sufrimiento humano y comprendo perfectamente la amenaza del peligro real. En mi trabajo como voluntario, he ayudado a víctimas de abusos en circunstancias trágicas y he visto los restos que los rodean. Al final, podemos y debemos ayudarnos a nosotros mismos.

Nadie es un don nadie. Tanto si te aceptan como si no, eres aceptable. Si eres humano, eres suficiente. Pero debes actuar para protegerte. Aquí tienes algunas sugerencias:

- Quiérete primero a ti mismo. Date seguridad de inclusión, el respeto y el permiso que mereces por naturaleza. Si los demás no te dan seguridad psicológica, al menos debes dártela a ti mismo mientras trabajas para cambiar tus circunstancias.

- Estate atento a la intención de quienes te rodean. Si observas que otros actúan de forma maliciosa hacia ti, aunque sea de forma leve, actúa rápido para enfrentarte a ello o aléjate de la situación.

- No creas que debes aceptar un trato abusivo. Eso es mentira. Haz todo lo que esté en tu mano para protegerte.

- Aprende a resistir en tu resistencia. A medida que trabajes para liberarte del trato insano, contraataca de forma saludable. Debido al dolor, la ira, la culpa, el odio a ellos mismos y la angustia que sufren las personas como resultado de la persecución social y emocional, a menudo recurren a patrones de respuesta igualmente insanos. Eso solo empeora las cosas. Evita las drogas y todas las formas de autolesión y autocomplacencia. No te hagas más daño.

- Si te sientes dominado, controlado, atrapado o sin medios aparentes de escape, busca una salida o vete inmediatamente. Mientras tanto, niégate a tener pensamientos perjudiciales sobre ti mismo. Con el tiempo podrás curarte y superarlo todo.

- Encuentra y conecta con personas de confianza y felices que deseen realmente tu éxito y estén dispuestas a ayudarte. Consulta con ellos cuando tomes decisiones y consideres opciones.

Pregunta clave: ¿Te has sentido alguna vez atrapado en el país del falso compañerismo? ¿Cuánto tiempo te quedaste? ¿Cómo saliste?

Sesenta mil millones de interacciones diarias

La población mundial se acerca rápidamente a los ocho mil millones de habitantes. Cada día, esos casi ocho mil millones de personas tienen unas sesenta mil millones de interacciones entre sí. En cada interacción se extiende una medida de respeto y permiso que determina un cierto nivel de seguridad psicológica. Cada una de esas interacciones alimenta o descuida el potencial humano.

Cuanto más creamos la seguridad psicológica, más disfrutamos de las recompensas de una rica conexión, pertenencia y colaboración. Cuanto menos la creamos, más sufrimos la amargura y el dolor del aislamiento.

Parece que estamos atrapados en una niebla existencial en la que la compleja matriz social en la que vivimos nuestras vidas es nuestro mayor desafío. Solo nosotros somos responsables de los antagonismos que creamos entre nosotros, pero todavía seguimos derramando sangre emocional, no solo ocasionalmente, sino constantemente. ¿Somos medievales? ¿No hemos madurado en sabiduría?

La seguridad psicológica se construye sobre la base moral de mirar a nuestros semejantes con respeto y darles permiso para pertenecer y colaborar. Eso no quiere decir que aprobemos las faltas éticas flagrantes o perjudiciales, ni que no juzguemos la capacidad y el rendimiento de los demás. Debemos hacerlo. Todos somos responsables. Pero cuando se trata del valor, a las personas se les debe respeto porque son personas. En el momento en que empezamos a devaluar, cosificar o deshumanizar a los demás, abandonamos la humanidad. No me digas que tienes una empresa que dirigir o resultados que ofrecer. No me digas que eres importante. No me digas que hay mucho en juego, que estás bajo presión, que tienes tus desencadenantes o que eres propenso a las crisis de los adultos. Si pones cualquier excusa para no ampliar la seguridad psicológica, estás eligiendo valorar algo más que el ser humano. Pensemos, por ejemplo, en los treinta y cinco empleados de France Télécom que recientemente se quitaron la vida como resultado de un acoso implacable y sistemático.[11] En lugar de crear un lugar de trabajo solidario y humanista, los dirigentes deshumanizaron a sus colegas de menor rango con una opresión institucionalizada, lo que tuvo consecuencias trágicas.

Podemos darnos cálidos baños de autosatisfacción y culpar de nuestro mal comportamiento a la personalidad, el estilo de trabajo, la presión, el estrés, la ansiedad, los plazos o un pasado desfavorecido. Bienvenidos a la raza humana. Esas cosas no sirven como excusas. Recuerda que no podemos reclamar un estatus especial. ¿Pero no es eso lo que hacemos cuando nos negamos a dar seguridad psicológica a otra persona? Lo mismo ocurre cuando nos escondemos tras el disfraz de la tolerancia o la corrección política para criticar a quienes no comparten nuestros valores o nuestra agenda.

El estudio de Harvard sobre la felicidad humana, que lleva setenta y cinco años en proceso y ya va por la cuarta generación, ha identificado lo que intuitivamente ya sabemos: como resume el director del estudio, Robert Waldinger, «el mensaje más claro que sacamos de este estudio de 75 años es el siguiente: las buenas relaciones nos hacen más felices y más sanos». [12] Es la conexión la que al final nos aporta una felicidad sostenida. Con sus poderes restauradores y curativos, cultivar las relaciones es la única terapia no farmacéutica, el único acto redentor, que sigue dándonos la mayor alegría.

Una creciente demanda de líderes que creen seguridad psicológica

Cuando digo las palabras «potencial humano», ¿qué te viene a la mente? Piensa en el potencial de quienes te rodean: tu familia, tus amigos, tus vecinos o tus compañeros de clase o de trabajo. Irónicamente, tanto si te preocupa su potencial como si no, tienes un impacto en él y los demás tienen un profundo impacto en el tuyo. Las personas con las que pasas más tiempo son las que más influyen. Pero incluso aquellos a los que rara vez ves, incluso aquellos con los que solo has tenido un encuentro casual, pueden verse profundamente afectados por tu influencia. Incluso unas pocas palabras pueden cambiar una vida. A través de nuestras interacciones cultivamos o aplastamos el potencial. Lo que nos lleva siempre al concepto de seguridad psicológica.

En los próximos días, verás una creciente demanda de líderes que creen un alto nivel de seguridad psicológica en sus equipos y en sus organizaciones. Esta demanda es la consecuencia natural de competir en un entorno altamente dinámico que depende de la innovación constante. También es la consecuencia natural de personas muy inteligentes que han tenido demasiados jefes llenos de ego y problemas de control.

Concepto clave: A nivel individual, necesitamos realización personal y felicidad; a nivel organizativo, innovación y una ventaja competitiva sostenida.

De hecho, estamos empezando a ver el comienzo de un cambio radical en la forma en que muchas de las mejores compañías del mundo eligen a sus líderes. Es contrario al sentido común pensar que un líder debe ser alguien carismático y agresivo que lo sabe todo y tiene respuestas para todo. De hecho, el arquetipo tradicional de líder, forjado sobre el concepto imperial de liderazgo, abundante en arrogancia y capacidad de defensa, se está convirtiendo rápidamente en un riesgo laboral. La característica principal de esta nueva variedad es un individuo que posee una magnífica inteligencia emocional con un ego muy controlado.

Pregunta clave: ¿Practicas el concepto imperial de liderazgo o has evolucionado a un estadio superior de desarrollo basado en la inteligencia emocional y el ego controlado?

Cada vez más investigaciones confirman que la inteligencia emocional crea seguridad psicológica en la organización, lo que, como variable mediadora, acelera la innovación. En los mercados hipercompetitivos, la innovación es el alma de la supervivencia y el motor del crecimiento. Por ello, el líder del siglo XXI debe ser capaz de prosperar en este contexto como ejemplo de colaboración, abrasión creativa y humildad.

Los conceptos industriales de mando y control, por un lado, y de paternalismo benévolo, por otro, están muriendo de forma vergonzosa porque activan el instinto de autocensura y eliminan la capacidad de innovación. Si no cultivamos una mayor tolerancia a la franqueza, no podremos convencer a la gente de que libere sus esfuerzos discrecionales. Ya están excesivamente alerta ante cualquier amenaza. Así que la cuestión más importante en la selección de un líder se está convirtiendo rápidamente en esta: ¿el individuo crea o destruye la seguridad psicológica y, por tanto, estimula o reprime la innovación? En una carta a los empleados, Satya Nadella, el director general de Microsoft, expresó el espíritu de la seguridad psicológica y el camino hacia la inclusión y la innovación: «Juntos debemos abrazar nuestra humanidad compartida y aspirar a crear una sociedad llena de respeto, empatía y oportunidades para todos».[13]

El pluralismo es nuestra realidad. En nuestra jerarquía de lealtades, tenemos que pensar por encima de las diferencias personales y tribales y consagrar nuestro lazo central, la lealtad y afinidad que más importa: el vínculo de pertenencia a la familia humana.

Permíteme volver a la llamada a la acción que hice al principio del libro. Te invité a realizar un inventario personal sobre tu forma de comportarte con los demás, especialmente con aquellos que son desconocidos o contra los que tienes un sesgo o prejuicio persistente.

1. **Seguridad de inclusión:** ¿Estás preparado para cruzar el umbral de la inclusión, salvar las diferencias e invitar a otros a tu sociedad?

2. **Seguridad de aprendizaje:** ¿Estás preparado para animar a otros a aprender?

3. **Seguridad de contribución:** ¿Estás preparado para dar a los demás la autonomía necesaria para contribuir y obtener resultados?

4. **Seguridad de reto:** Y, por último, ¿estás preparado para cruzar el umbral de la innovación y dar protección total a otros para que desafíen el *statu quo* e innoven?

Para terminar, permíteme compartir un antiguo caso práctico de seguridad psicológica. Independientemente de tu creencia religiosa, la historia es increíblemente poderosa. En el Nuevo Testamento, en el libro de los Hechos de los Apóstoles, Pedro, un judío, es llevado a Cornelio, un centurión romano. Pedro había crecido con la idea de que los que no eran judíos eran profanos o impuros. Había vivido toda su vida en una sociedad segregada basada en este paradigma y prejuicio. Sin embargo, cuando Pedro se encuentra con Cornelio, le dice: «Vosotros sabéis que a un judío no le está permitido relacionarse con extranjeros ni entrar en su casa; pero a mí Dios me ha mostrado que no debo llamar profano o impuro a ningún hombre».[14]

Alejandro Magno dijo que «no hay más mundos que conquistar». Hay al menos uno: la inclinación a conquistar a los demás.

La mayor fuente de satisfacción en la vida proviene de incluir a los demás, ayudarles a aprender y crecer, liberar su potencial y encontrar una profunda comunión juntos. Esa es la lección. Ahora mira a tu alrededor y mira a los demás con un renovado asombro.

CONCEPTOS CLAVE

- El paternalismo y la explotación inundan de miedo la organización.

- El paternalismo corre el riesgo de generar dependencia e impotencia aprendida por un lado y frustración y rebeldía por otro.
- Ya sea de personal u organizativa, la explotación requiere algún tipo de aparato represivo para extraer valor de los seres humanos, ya sea mediante la manipulación o la coacción.
- La explotación es el proceso de extraer valor de otro ser humano sin tener en cuenta el valor inherente de esa persona.
- Ansiamos la atención, a veces incluso si es del tipo equivocado. La atención por sí sola nunca satisface, pero puede herir profundamente.
- En el país del falso compañerismo, la competencia antinatural sustituye al afecto natural.
- A nivel individual, necesitamos realización personal y felicidad; a nivel organizativo, innovación y una ventaja competitiva sostenida.

PREGUNTAS CLAVE

- ¿Te has sentido alguna vez atrapado en el país del falso compañerismo? ¿Cuánto tiempo te quedaste? ¿Cómo saliste?
- ¿Muestras signos de paternalismo hacia algún grupo o individuo? ¿Por qué lo haces?
- ¿Muestras signos de explotación hacia algún grupo o individuo? ¿Por qué lo haces?
- ¿Practicas el concepto imperial de liderazgo o has evolucionado a un estadio superior de desarrollo basado en la inteligencia emocional y el ego controlado?

Notas

PREFACIO

1. Como recién llegado, mi experiencia estuvo repleta de cambios, contrastes y sorpresas de todo tipo. Ver Louis, Meryl Reis. «Surprise and Sense Making: What Newcomers Experience in Entering Unfamiliar Organizational Settings». *Administrative Science Quarterly* 25, n.º 2 (1980): 226-251.

2. C. Wright Mills, *La élite del poder,* nueva edición (México, 1987), 17.

3. Robert Conquest, *History, Humanity, and Truth: The Jefferson Lecture in the Humanities* (Stanford, CA: Hoover Press, 1993), 7.

4. Immanuel Kant fue el precursor del argumento de que la libertad civil permite la libertad intelectual. Ver Kant: Political Writings, Hans Reiss, ed. (Cambridge: Cambridge University Press, 2010), 59.

5. Moyers & Company, «Facing Evil with Maya Angelou», 13 de septiembre de 2014, vídeo, 31:00, https://archive.org/details/ KCSM_20140914_020000_Moyers__Company/start/0/end/60

6. Jake Herway, «How To Create a Culture of Psychological Safety», *Workplace,* 7 de diciembre de 2017, https://news.gallup.com/ opinion/gallup/223235/create-culture-psychological-safety.aspx

7. Langston Hughes, *Selected Poems of Langston Hughes* (Nueva York: Vintage Classics, 1959), 20.

8. Hannah Arendt, *Hombres en tiempos de oscuridad* (Barcelona: 1990), 14.

9. Thomas Hobbes, *Leviathan,* en *The Harvard Classics: French and English Philosophers: Descartes, Rousseau, Voltaire, Hobbes,* ed. Charles W. Eliot (Nueva York: F. F. Collier & Son, 1910), 385.

10. Rowan Williams, discurso en la Conferencia de Teología del Wheaton College, 6 de abril de 2018, vídeo, 49:13, https://www. youtube.com/watch?v=R58Q_Q3KEnM.

11. Matthew Stewart, «The 9.9 Percent Is The New American Aristocracy», *The Atlantic,* junio de 2018, https://www.theatlantic. com/magazine/archive/2018/06/the-birth-of-a-new-american-aristocracy/559130/.

12. Ver W. B. Yeats, *La deserción de los animales de circo.*

INTRODUCCIÓN

1. Ver, por ejemplo, Amy Edmondson, «Psychological Safety and Learning Behavior in Work Teams», *Administrative Science Quarterly* 44, n.º 2 (junio de 1999): 350-383, http://web.mit.edu/curhan/www/docs/Articles/15341_Readings/Group_Performance/Edmondson%20 Psychological%20safety.pdf. Para una útil revisión de la literatura sobre seguridad psicológica, ver Alexander Newman, Ross Donohue, Nathan Evans, «Psychological Safety: A Systematic Review of the Literature», *Human Resource Management Review* 27, n.º 3 (septiembre de 2017): 521-535, https://www.sciencedirect.com/science/article/abs/pii/S1053482217300013; Amy C. Edmondson y Zhike Lei, «Psychological Safety: The History, Renaissance, and Future of an Interpersonal Construct», *Annual Review of Organizational Psychology and Organizational Behavior* 1 (marzo de 2014): 23-43; William A. Kahn, «Psychological Conditions of Personal Engagement and Disengagement at Work», *The Academy of Management Journal* 33, n.º 4 (diciembre de 1990): 692-724.

2. Carl R. Rogers, «The Necessary and Sufficient Conditions of Therapeutic Personality Change»), *Journal of Consulting Psychology* 21 (1957): 95-103.

3. Douglas McGregor, *El lado humano de las empresas* (Colombia: 1996), 37. Aquí está la cita completa: «Cuando están satisfechas las necesidades materiales del hombre y ya no tiene por qué abrigar temores respecto a su bienestar físico, sus necesidades sociales adquieren importancia principal como motivadoras de su conducta. A esa categoría pertenecen las de sentir pertenencia, la de asociación, la de ser aceptado por sus compañeros, la de dar y recibir afecto y amistad».

4. Herbert A. Simon, *Comportamiento administrativo*, cuarta edición (Argentina, 1982), 153.

5. Abraham H. Maslow, «A Theory of Human Motivation», *Psychological Review* 50 (1943): 380.

6. Ver el cap. 1 en Eric Fromm, *El miedo a la libertad* (Buenos Aires:, 1974).

7. Arlie Russell Hochschild, *The Managed Heart: Commercialization of Human Feeling* (Berkeley: University of California Press, 1983), 56.

8. Ver Charles Duhigg, «What Google Learned from Its Quest to Build the Perfect Team», *New York Times,* 25 de febrero de 2016, https://rework.withgoogle.com/print/guides/5721312655835136/. Ver también el Proyecto Aristóteles de Google, consultado el 1 de agosto de 2019, https://rework.withgoogle.com/print/guides/5721312655835136/ 9.

9. Celia Swanson, «Are You Enabling a Toxic Culture Without Realizing It?», *Harvard Business Review,* 22 de agosto de 2019. https://hbr.org/2019/08/are-you-enabling-a-toxic-culture-without-realizing-it

10. American College Health Association, «National College Health Assessment Executive Summary», otoño de 2017, https://www.acha.org/documents/ncha/NCHA-II_FALL_2017_REFERENCE_GROUP_EXECUTIVE_SUMMARY.pdf.

11. Ver Marshall Sahlins, «The Original Affluent Society» (abreviado) en *The Politics of Egalitarianism: Theory and Practice,* ed. Jacqueline Solway (Nueva York: Berghahn Books, 2006), 78-98.

12. William James, *Principios de psicología* (México, 1989), 235.

13. Holly Hedegaard, Sally C. Curtin y Margaret Warner, *Suicide Mortality in the United States, 1999-2017,* NCHS data brief n.º 330 (Hyattsville, MD: Centro Nacional de Estadísticas de Salud, Centros para el Control de Enfermedades, noviembre de 2018), https://www.cdc.gov/nchs/data/databriefs/db330-h.pdf.

14. Albert Camus en *More Letters of Note: Correspondence Deserving of a Wider Audience,* compilado por Shaun Usher (Edimburgo: Canongate y Unbound, 2017), 279.

15. Paul Petrone, «The Skills Companies Need Most in 2019», LinkedIn Learning, consultado el 1 de agosto de 2019, https://www. linkedin.com/business/learning/blog/top-skills-and-courses/the-skills-companies-need-most-in-2019-and-how-to-learn-them.

16. Rita Gunther McGrath, «Five Ways to Ruin Your Innovation Process», Harvard Business Review, 5 de junio de 2012, https://hbr. org/2012/06/five-ways-to-ruin-your-inno

17. Scott D. Anthony et al., «2018 Corporate Longevity Forecast: Creative Destruction Is Accelerating», *Innosight*, 2018, 2. https:// www.innosight.com/wp-content/uploads/2017/11/Innosight-Corporate-Longevity-2018.pdf

ETAPA 1: SEGURIDAD DE INCLUSIÓN

1. «The Impact of Equality and Values Driven Business», *Salesforce Research*, 12, consultado el 5 de agosto de 2019, https:// c1.sfdcstatic.com/content/dam/web/en_us/www/assets/pdf/ datasheets/salesforce-research-2017-workplace-equality-and-values-report.pdf

2. Ver William Law, *Un serio llamado a una vida de devoción y santidad* (Barcelona, 2020), 244. Law subraya el punto de que «no hay dependencia sobre los méritos de los hombres».

3. Ver Amartya Sen, *Identidad y violencia: La ilusión del destino* (Buenos Aires, 2007).

4. John Winthrop, «Un modelo de caridad cristiana», sermón pronunciado en abril de 1630 a los peregrinos que viajaban a la colonia de la Bahía de Massachusetts.

5. John Rawls, *Teoría de la Justicia* (México, sexta reimpresión 2006), 19.

6. Y es lo que todos elegiríamos si tuviéramos que definir la «posición original» tras un «velo de ignorancia», como describe Rawls su experimento mental.

7. Jia Hu et al., «Leader Humility and Team Creativity: Information Sharing, Psychological Safety, and Power Distance», *Journal of Applied Psychology* 103, n.º 3 (2018): 313-323.

8. Henry Emerson Fosdick, *The Meaning of Service* (Nueva York: Association Press, 1944), 138.

9. Ver Isaiah Berlin, *Concepts and Categories: Philosophical Essays* (Oxford: Oxford University Press, 1980), 96.

10. Alex «Sandy» Pentland, «The New Science of Building Great Teams». *Harvard Business Review,* abril de 2012, https://hbr.org/2012/04/the-new-science-of-building-great-teams.

11. Edgar Schein, *Organizational Culture and Leadership* (San Francisco: Jossey-Bass, 2004), 15.

12. Vaclav Havel, *El poder de los sin poder* (Madrid, 1990).

13. Aristóteles, *Política* (Madrid, 1988), 59.

14. David McCullough, *John Adams* (Nueva York: Simon & Schuster, 2001), 170.

15. Thomas Jefferson creía en su propia superioridad biológica. Ver «Notes on the Stado of Virginia», 1781, consultado el 1 de agosto de 2019, https://docsouth.unc.edu/southlit/jefferson/jefferson.html.

16. EY, «Could Trust Cost You a Generation of Talent?», consultado el 9 de agosto de 2019, https://www.ey.com/Publication/vwLUAssets/ey-could-trust-cost-you-a-generation-of-talent/%24FILE/ey-could-trust-cost-you-a-generation-of-talent.pdf.

17. Robert Putnam, *Solo en la bolera: colapso y resurgimiento de la comunidad norteamericana* (Barcelona, 2002), 21.

18. Ferdinand Tönnies, *Gemeinschaft und Gesellschaft* (Leipzig, Alemania: Fues's Verlag, 1887). Una traducción al inglés de la 8.ª edición (1935) por Charles P. Loomis apareció como *Fundamental Concepts of Sociology* (Nueva York: American Book Co., 1940).

19. James MacGregor Burns, *Leadership* (Nueva York: Perennial, 1978), 11.

20. Carol Dweck, *Mindset: La actitud del éxito* (Barcelona, 2006).

21. Franz Kafka, *Letters to Friend, Family and Editors*, Richard y Clara Winston, editores (Nueva York: Schoken Books, 1977), 16.

22. Nathaniel Branden, *Los seis pilares de la autoestima* (Barcelona, 1995), 25.

23. Ver Edward H. Chang et al., «The Mixed Effects of Online Diversity Training», *Proceedings of the National Academy of Sciences*, 116, n.º 16 (16 de abril de 2019): 7778-7783; publicado por primera vez el 1 de abril de 2019, https://doi.org/10.1073/pnas.1816076116.

24. Paul Ekman y Richard J. Davidson, «Voluntary Smiling Changes Regional Brain Activity», *Psychological Science* 4, n.º 5 (septiembre de 1993): 342-345, https://doi.org/10.1111/j.1467-9280.1993.tb00576.x.

25. Ver Oscar Peterson, «Hymn to Freedom», cuya letra dice: «Cuando un corazón se une a otro y juntos anhelan la libertad, entonces seremos libres».

ETAPA 2: SEGURIDAD DE APRENDIZAJE

1. Tony Miller, «Partnering for Education Reform», Departamento de Educación de Estados Unidos, consultado el 18 de febrero de 2015, https://www.ed.gov/news/speeches/partnering-education-reform.

2. Ver James. J. Heckman, «Catch'em Young», *Wall Street Journal*, 6 de enero de 2006. https://www.wsj.com/articles/SB113686119611542381.

3. Robert Balfanz y Nettie Legters, *Locating the Dropout Crisis* (Baltimore: Center for Research on the Education of Students Placed at Risk, Johns Hopkins University, septiembre de 2004), consultado el 1 de agosto de 2019, https://files.eric.ed.gov/fulltext/ED484525.pdf.

4. Esta sección se basa en gran medida en mis entrevistas personales con Craig desde 2014 hasta 2019, así como en las observaciones en el aula realizadas en 2019. Revelación: Craig ha sido profesor de cálculo de cinco de mis hijos.

5. ¿Por qué, por ejemplo, las mujeres están dramáticamente subrepresentadas en las ciencias de la computación y las carreras de CTIM en la universidad? Sin duda, parte de la brecha se debe a un prejuicio inconsciente que dice que no pueden sobresalir tan bien como los hombres en estos campos, a pesar de que rinden tan bien como los hombres en las pruebas estandarizadas de matemáticas

de K–12 y obtienen el 57 % de los títulos de licenciatura hoy en día. Ver Thomas Dee y Seth Gershenson, *Unconscious Bias in the Classroom: Evidence and Opportunities* (Mountain View, CA: Google's Computer Science Education Research, 2017), consultado el 1 de agosto de 2019, https://goo.gl/06Btqi. Ver también David M. Amodio, «The Neuroscience of Prejudice and Stereotyping», *Nature Reviews Neuroscience* 15, n.° 10 (2014): 670-682.

6. Jenna McGregor, «Psicólogo ganador del Premio Nobel a los directores generales: Don't Be So Quick to Go with Your Gut», *Washington Post,* 4 de marzo de 2019, https://www.washingtonpost.com/business/2019/03/04/nobel-prize-winning-psychologist-ceos-dont-be-so-quick-go-with-your-gut/.

7. C. Roland Christensen, Education for Judgment (Boston: Harvard Business Review, 1991), 118.

8. Claude M. Steele, *Whistling Vivaldi: How Stereotypes Affect Us and What We Can Do* (Nueva York: W. W. Norton & Co., 2010), 46.

9. De la observación en el aula realizada el 14 de febrero de 2019.

10. Ver Jenny W. Rudolph, Daniel B. Raemer y Robert Simon, «Establishing a Safe Container for Learning in Simulation: The Role of the Presimuation Briefing», *Journal of the Society for Simulation in Healthcare* 9, n.° 6 (diciembre de 2014): 339-349. El aula de Smith se convierte en el contenedor seguro.

11. Ver el relato de Ernest Hemingway «Un lugar limpio y bien iluminado». Las prácticas de Craig encarnan las principales conclusiones publicadas en el informe nacional *A Nation at Hope del Aspen Institute,* consultado el 12 de marzo de 2019, http://nationathope.org/.

12. C. Roland Christensen, «Premises and Practices of Discussion Teaching», en *Education for Judgment: The Artistry of Discussion Leadership,* C. Roland Christensen y David A. Garvin, eds. (Boston: Harvard Business Review, 1991), 15-34.

13. Babette Bronkhorst, «Behaving Safely under Pressure: The Effects of Job Demands, Resources, and Safety Climate on Employee Physical and Psychosocial Safety Behavior», *Journal of Safety Research* 55 (diciembre de 2015): 63-72.

14. Fast Company, «Bill Gates on Education: "We Can Make Massive Strides"», 15 de abril de 2013, https://www.fastcompany.com/3007841/bill-gates-education-we-can-make-massive-strides.

15. Education World, «How Can Teachers Develop Students' Motivation and Success: Interview with Carol Dweck», consultado el 10 de agosto de 2019, https://www.educationworld.com/a_issues/chat/chat010.shtml.

16. Richard Florida, *The Rise of the Creative Class* (Nueva York: Basic Books, 2002), 24.

17. Malcolm S. Knowles, «Adult Learning» en *The ASTD Training and Development Handbook: A Guide to Human Resource Development*, Robert L. Craig, ed., 4.ª ed. (Nueva York: McGraw-Hill, 2004), 262.

18. Amy C. Edmondson. «Making It Safe: The Effects of Leader Inclusiveness and Professional Status on Psychological Safety and Improvement Efforts in Health Care Teams», *Journal of Organizational Behavior* 27, n.º 7 (2006): 941-966.

19. Ver Roderick M. Kramer y Karen S. Cook, eds., *Trust and Distrust in Organizations: Dilemmas and Approaches* (Nueva York: Russell Sage Foundation, 2004).

ETAPA 3: SEGURIDAD DE CONTRIBUIR

1. Vincent H. Dominé, «Team Development in the Era of Slack», INSEAD Knowledge, 24 de mayo de 2019, https://knowledge.insead.edu/blog/insead-blog/team-development-in-the-era-of-slack-11611.

2. Ver Claude M. Steele y Joshua Aronson, «Stereotype Threat and the Intellectual Test Performance of African Americans», Journal of Personality and Social Psychology 69, n.º 5 (noviembre de 1995): 797-811.

3. Ver Steven R. Harper y Charles D. White, «The Impact of Member Emotional Intelligence on Psychological Safety in Work Teams», *Journal of Behavioral & Applied Management* 15, n.º 1 (2013): 2-10.

4. Amy Edmondson, *The Fearless Organization: Creating Psychological Safety in the Workplace for Learning, Innovation, and Growth* (Nueva York: Wiley, 2019), cap. IV. 4.

5. Ver Christopher J. Roussin et al., «Psychological Safety, Self-Efficacy, and Speaking Up in Interprofessional Health Care Simulation», *Clinical Simulation in Nursing* 17 (abril de 2018): 38-46.

6. Jim Harter, «Dismal Employee Engagement Is a Sign of Global Mismanagement», Gallup Workplace, consultado el 1 de agosto de 2019, https://www.gallup.com/workplace/231668/dismal-employee-engagement-sign-global-mismanagement.aspx.

7. Aristóteles, *The Nicomachean Ethics,* en *The Complete Works of Aristotle: The Revised Oxford Translation,* ed. Jonathan Barnes, rev. por J. O. Urmson Ross, vol. 2 (Oxford University Press, 1984), 1107.

ETAPA 4: SEGURIDAD DE RETO

1. Ver Carl R. Rogers y F. J. Roethlisberger, «Barriers and Gateways to Communication». *Harvard Business Review,* noviembre-diciembre de 1991, https://hbr.org/1991/11/barriers-and-gateways-to-communication.

2. Marcus Du Sautoy, *The Creativity Code: Art and Innovation in the Age of AI* (Cambridge, MA: Belknap Press, 2019), 11.

3. Edward O. Wilson, *Los orígenes de la creatividad humana* (Barcelona, 2018), 11.

4. Ben Farr-Wharton y Ace Simpson, «Human-centric Models of Management Are the Key to Ongoing Success», *The Sydney Morning Herald,* 24 de mayo de 2019, https://www.smh.com.au/business/workplace/human-centric-models-of-management-are-the-key-to-ongoing-success-20190520-p51p82.html.

5. Edgar Schein, *Humble Inquiry* (San Francisco: Berrett-Koehler, 2013), 64.

6. Chris Argyris, «Good Communication That Blocks Learning», *Harvard Business Review,* julio-agosto de 1994, https://hbr.org/1994/07/good-communication-that-blocks-learning.

7. Chia Nakane, *La sociedad japonesa* (Buenos Aires, 1989).

8. Abraham Carmeli et al., «Learning Behaviors in the Workplace: The Role of High-Quality Interpersonal Relationships and

Psychological Safety», *Systems Research and Behavioral Science* 26, n.º 25 (noviembre de 2008): 81-98.

9. Abraham Maslow, «Safe Enough to Dare», en *Toward a Psychology of Being,* 3.ª ed. (Nueva York: Wiley, 1998), 65.

10. Duena Blostrom, «Nobody Gets Fired for Buying IBM, but They Should», artículo del blog, 1 de enero de 2019, https:// duenablomstrom.com/2019/01/01/nobody-gets-fired-for-buying-ibm-but-they-should/.

11. Andrew Hargadon y Robert I. Sutton, «Building an Innovation Factory». *Harvard Business Review,* mayo-junio de 2000, https://hbr. org/2000/05/building-an-innovation-factory-2.

12. Adam Lashinsky, «The Unexpected Management Genius of Facebook's Mark Zuckerberg», *Fortune,* 10 de noviembre de 2016, consultado el 11 de agosto de 2019, https://fortune.com/longform/facebook-mark-zuckerberg-business/.

13. Alison Beard, «Life's Work: An Interview with Brian Wilson», *Harvard Business Review,* diciembre de 2016, consultado el 11 de agosto de 2019, https://hbr.org/2016/12/brian-wilson.

14. Yuval Noah Harari, *21 lecciones para el siglo* xxi (Barcelona, 2018).

15. Jeff Dyer, Hal Gregersen y Clayton M. Christensen, *The Innovator's DNA: Mastering the Five Skills of Disruptive Innovators* (Boston: Harvard Business School Press, 2011), 46-49.

16. Vivian Hunt, Dennis Layton y Sara Prince, *Diversity Matters* (Nueva York: McKinsey & Company, 2 de febrero de 2015), 14, https://assets.mckinsey.com/~/media/857F440109AA4D13A54D9C4 96D86ED58.ashx.

17. Peter F. Drucker, *El ejecutivo eficaz* (Barcelona, 1989), 166.

18. Dotan R. Castro et al., «Mere Listening Effect on Creativity and the Mediating Role of Psychological Safety», *Psychology of Aesthetics, Creativity, and the Arts* 12, n.º 4 (noviembre de 2018): 489-502.

19. Mihaly Csikszentmihalyi, *Creatividad: El fluir y la psicología del descubrimiento y la invención* (Barcelona, 1998).

20. Jennifer Luna, «Oscar Muñoz: Learn to Listen, Improve Your EQ, *Stanford Business,* 19 de enero de 2019, https://www.gsb. stanford.edu/insights/oscar-munoz-learn-listen-improve-your-eq?utm_source=Stanford+Business&utm_campaign=44021e6e06-Stanford-Business-Issue-154-1-27-2018&utm_medium=email&utm_term=0_0b5214e34b-44021e6e06-74101045&ct=t (Stanford-Business-Issue-154-1-27-2018).

21. Chris Argyris, «Teaching Smart People How to Learn», *Harvard Business Review,* mayo-junio de 1991, https://hbr.org/1991/05/teaching-smart-people-how-to-learn.

22. F. A. Hayek, *Camino a la servidumbre* (Madrid, 2008), 58.

23. Daisy Grewal, «How Wealth Reduces Compassion: As Riches Grow, Empathy for Others Seems to Decline», *Scientific American,* 10 de abril de 2012, https://www.scientificamerican.com/article/how-wealth-reduces-compassion/.

24. Arthur C. Brooks, *Amad a vuestros enemigos* (Barcelona, 2020), cap. 8.

25. J. R. Dempsey et al., «Program Management in Design and Development», en Third Annual Aerospace Reliability and Maintainability Conference, Society of Automotive Engineers, 1964, 7-8.

26. Danielle D. King, Ann Marie Ryan y Linn Van Dyne, «Voice Resilience: Fostering Future Voice after Non-endorsement of Suggestions», *Journal of Occupational and Organizational Psychology* 92 n.° 3 (septiembre de 2019): 535-565, disponible en https://onlinelibrary.wiley.com/doi/full/10.1111/joop.12275.

CONCLUSIÓN: EVITAR EL PATERNALISMO Y LA EXPLOTACIÓN

1. Elisabeth Noelle-Neumann, «The Spiral of Silence: A Theory of Public Opinion», *Journal of Communication* 24, n.° 2 (junio de 1974): 43-51.

2. Gerald Dworkin, «Paternalism», en *Stanford Encyclopedia of Philosophy,* 2017, consultado el 5 de enero de 2019, https://plato.stanford.edu/entries/paternalism/.

3. Ver Edward L. Deci y Richard M. Ryan, *Intrinsic Motivation and Self Determination in Human Behavior* (Nueva York: Plenum Press, 1885).

4. «How Many Nonprofit Colleges and Universities Have Closed Since 2016?», EducationDive, consultado el 17 de junio de 2019,

5. Milton Friedman, «The Social Responsibility of Business to Increase Its Profits», *New York Times Magazine,* 13 de septiembre de 1970, http://websites.umich.edu/~thecore/doc/Friedman.pdf?mod=article_inline

6. Alexander Solzhenitsyn, *Archipiélago Gulag* (Barcelona, 2002), 19.

7. Christine Porath y Christine Pearson, «The Price of Uncivility», *Harvard Business Review,* enero-febrero de 2013, https://hbr.org/2013/01/the-price-of-incivility.

8. Terry Warner, So*cialization, Self-Deception, and Freedom through Faith* (Provo, UT: Brigham Young University Press, 1973), 2.

9. Carol S. Dweck, *Mindset: La actitud del éxito* (Barcelona, 2006).

10. Don Henley y Glenn Frey, «Hotel California», 1977.

11. Adam Nossiter, «35 Employees Committed Suicide. Will Their Bosses Go to Jail?», *New York Times,* 9 de julio de 2019, https://www.nytimes.com/2019/07/09/world/europe/france-telecom-trial.html.

12. Robert Waldinger, «What Makes a Good Life? Lessons from the Longest Study on Happiness», TED, subido el 25 de enero de 2016, vídeo, 12:46, https://www.youtube.com/watch?v=8KkKuTCFvzI.

13. Harry McCraken, «Satya Nadella Rewrites Microsoft's Code», *Fast Company,* 8 de septiembre de 2017, https://www.fastcompany.com/40457458/satya-nadella-rewrites-microsofts-code.

14. Hechos de los Apóstoles 10:28, Sagrada Biblia.

Agradecimientos

Reconozco con gratitud la influencia de los líderes que crean altos niveles de seguridad psicológica, capacitando a los demás para rendir más allá de sus expectativas. Rindo un homenaje especial a mi mujer, Tracey, que es un ejemplo de inclusión y practica el amor incondicional hacia todos los seres humanos. Es un ejemplo vivo de alguien que domina el arte de crear y mantener la seguridad psicológica. Ha hecho de nuestro hogar un santuario de pertenencia para mí y nuestros hijos.

Quiero darle las gracias a Neal Maillet, director editorial de Berrett-Koehler, y a su equipo por haber creado seguridad psicológica a lo largo del proceso de producción de este libro. Él aplica una combinación de abrasión creativa y genuina preocupación personal que me motiva a dar lo mejor de mí. También doy las gracias a todo el equipo de Berrett-Koehler y aprecio la distintiva cultura de colaboración que han creado para mí como autor. Agradezco el talento y la habilidad de Karen Seriguchi (corrección), Leigh McLellan (diseño y composición) y Travis Wu (diseño de la portada). Por último, doy las gracias a mis hijos por haberme enseñado que mi papel es crear y preservar la seguridad psicológica en todas las relaciones.

Sobre el autor

Timothy R. Clark es el fundador y director general de Leader-Factor, una organización mundial de consultoría, formación y evaluación del liderazgo. Es autor de cinco libros y creador de la evaluación de inteligencia emocional EQometer. Tiene un doctorado en ciencias sociales por la Universidad de Oxford.